일러두기

1. 본문 중의 주석은 모두 옮긴이주입니다.
2. 강조의 의미로 쓴 고딕체는 원서의 방점 표시에 따른 것입니다.

쿨하고 와일드한
백일몽

MURAKAMI ASAHIDO HAIHO!
by Haruki Murakami

이 도서의 국립중앙도서관 출판시도서목록(CIP)은
서지정보유통지원시스템 홈페이지(http://seoji.nl.go.kr)와
국가자료공동목록시스템(http://www.nl.go.kr/kolisnet)에서 이용하실 수 있습니다.
(CIP제어번호: CIP2012003206)

쿨하고 와일드한 백일몽

무라카미 하루키 지음 | **안자이 미즈마루** 그림
김난주 옮김

Murakami Haruki

무 라 카 미 하 루 키
에 세 이 걸 작 선

문학동네

차례

시로코와 구로코는 어디로 갔나?

시로코白子와 구로코黑子가 등장하는 화장품 만화 광고가 요새 통 보이지 않는다는 것을, 얼마 전에 아무런 맥락 없이 불쑥 깨달았다. 삼십대 젊은 부인과 이십대 아가씨 둘이 번갈아 까매졌다 하얘졌다 하면서 "어머나, 웬일이야 시로코, 요즘 피부가 하얘졌네" "응, 실은 ××를 쓰거든" 하는 대화를 주고받는 그 광고 말이다. 처음부터 끝까지 똑같은 패턴이 반복된다. 기억하시나요? 나는 그 광고를 꽤 좋아했다. 만약 없어진 거라면, 음, 좀 아쉽다. 캐릭터가 번갈아 까매졌다 하얘졌다 하는 점이 재미있었다. 그렇게 수시로 입장이 바뀌니, 어쩌다 잘못해서 양쪽 다 까매지거나 양쪽 다 하얘지는 일은 없을까 하고 유심히 보았는데, 단 한 번도 그런 실수는 나오지 않았다. 어느 쪽이 하야면 다른 한쪽은 까맣다. 어느 한쪽이 까마면 다른 한쪽은 하얗고.

그 광고가 과연 언제까지 존속했을까? 주위 사람들에게 물어 보았지만 아무도 모른단다. 우리가 모르는 사이 '그러고 보니 그런 광고가……' 하는 존재가 되고 만 것이다. '그러네, 그러고 보니 요즘 안 보이는군' 같은 분위기로.

요즘은 자고로 피부가 하애야 미인이라는 통념이 힘을 갖지 못하니, 광고주 쪽도 맥이 빠졌을 것이다. 시로코가 ○이고 구로코는 ×라는 단순한 이분법이 더는 성립하지 않는다. 그러면 광고 자체의 기반이 소멸되고 만다.

"장크트모리츠에서 스키를 탔더니 이렇게 까맣게 탔어."

"어머, 좋았겠다, 얼마나 가 있었는데?"

시로코와 구로코가 광고에 나와 이런 얘기를 했다가는 수습이 불가능할 것이다. 혹여 고무기코小麥子 같은 캐릭터까지 등장한다면 무엇이 선이고 무엇이 악인지 더더욱 알 수 없어지고 만다. 옛날에는 단순해서 좋았는데.

그런데 시로코와 구로코 하면 요즘에는 왠지 스트립쇼 클럽의 간판 같은 분위기도 느껴진다. '흑과 백의 초절정 무대' 뭐 이렇게. 가능하다면 이런 건 다이애나 로스와 올리비아 허시 커플 버전으로 보고 싶은데, 무리겠죠.

음, 광고 얘기를 계속합시다. 이 시로코와 구로코 시리즈도 좋았지만 꽤 오래전의 요메이슈養命酒 광고도 좋았다. 이 광고는 대개 8컷 만화로 주인공의 이름은 이치로 군, 이름만 봐도 순진함 그 자체일 것 같은 초등학생이었다. 이치로 군의 어머니는 몸이 약해서 늘 자리에 누워 시름시름 앓는다. 그래서 이치로 군, 학교에 가서도 별 기운이 없다.

그런데 그 사연을 들은 같은 반 친구 스스무 군(역시 이름만 봐도 친절할 것 같은)이 "우리 엄마도 몸이 약했는데, 요메이슈 마시고 요즘은 굉장히 건강해졌어"라고 가르쳐준다. 이치로 군은 집에 가서 엄마에게 그 얘기를 전한다. 엄마는 흥미를 보이며 "그럼 나도 요메이슈 한번 마셔볼까" 한다. 마시자 당연히 기운이 난다(광고다보니 기운이 나지 않을 리 없다). 마지막 컷은 이치로 군 가족이 오쿠타마 언저리에서 등산을 하는 그림이다. 엄마는 딴사람으로 보일 정도로 건강하고 표정도 젊어 보인다. 아빠 역시 흐뭇해하는 얼굴이다. 모든 것이 요메이슈 덕분이다. 참 잘되었죠.

이 광고의 문맥은 '시로코와 구로코' 경우와 거의 비슷하다. 요컨대 어떤 특정한 지식 덕분에 구제된 인간 A가 그 지식이 없어 고생하는 인간 B에게 지식을 나눠주고, 자신이 있는 위치에까지 끌어올리는 것이다. 하지만 그랬다고 해서 A가 B에게 '이게 다 내 덕분'이라고 생색을 내지는 않는다. 그것은 보상을 바라지 않는 호의이자 구제다. A는 어디까지나 B의 바람직한 상태를 제시했을 뿐이다. 그리고 A는 B가 자신과 같은 지평에 올라서게 된 것을 순수한 마음으로 '참 잘되었다'며 기뻐한다.

이런 관계성은 무척 훌륭한 것이라고 나는 생각한다. 시로코도 사람이니 속으로는 어쩌면 구로코를 '흥, 아무것도 모르면서' 하고 깔보았을지도 모른다. 하지만 괜한 심술을 부리는 대신 구로코에게 유효한 정보를 제공한다. 구로코는 그 정보 덕에 구제되고, 시로코는 자신이 잠시나마 못된 생각을 했다는 것을 남몰래 부끄러워한다. 아마도.

혹자는 현실은 그렇지 않다고 말할지도 모르겠다. 물론 그렇죠. 물론 현실과 다를 수도 있죠. 사실 이런 상황은 한마디로 그 옛날 전후 민주주의의 이상향이었다. 즉 바람직한 상태라는 것이 엄연히 존재했고, 사람들은 노력만 하면 그 상태에 도달할 수 있었다.

물론 그런 세상이라고 해서 모든 사람들이 평등한 것은 아니다. 시로코는 구로코보다, 스스무 군은 이치로 군보다 한발 앞서가고 있는지도 모른다. 모두가 평등한 세상은 존재하지 않는다. 이건 당연한 얘기다. 그래도 시로코와 스스무 군에게는 잠시 걸음을 멈추고 뒤에 오는 사람에게 손을 내밀 수 있는 마음가짐이 있었다.

나는 옛날이 좋고 지금은 나쁘다는 얘기를 하려는 것이 아니다. 세상은 그렇게 간단하지 않다. 그러나 그 시대에는 그런 유의 마음가짐이 분명히 있었던 것 같다. 물론 없는 곳에는 없었다. 하지만 있는 곳에는 있었다. 그렇기에 시로코는 구로코를, 스스무 군은 이치로 군을 꾸준히 구제했고, 한 가지 패턴의 시리즈 광고로도 꽤 오래도록 기능할 수 있었던 것이다.

그 시대에는 정신적인 여유 같은 것이 분명히 있었다고 생각한다. 또는 놀이 감각이랄까, 정신의 예비공간 같은 것이 있었다. 그럴 수 있었던 것은 '유토피아는 존재한다'—지금은 존재하지 않지만 어딘가에 존재할 것이다—는 생각이 공동의 환상으로 사람들 사이에 존재했기 때문일 것이다. 그 세계에서 사람들은 다소 차이는 있어도 모두 건강하고, 여자들은 모두 피부가 하얗고, 오쿠타마는 날씨가 좋다.

하지만 물론 지금 그런 환상은 사라지고 없다. 사회의 속도가 그 행복한 환상을 죄 삼켜버리고 말았다. 그리고 환상 자체도 상품화되고 말았다. 오늘날 환상은 자본이 투하되는 새로운 프런티어이다. 요즘 시대의 환상은 공짜로 모두에게 고루 배분되는 단순한 것이 아니다. 그것은 다양하고 세련된, 그리고 아름답게 포장된 상품이 되었다. 그리고 그렇게 변한 세계에서 시로코는 무엇이 선인지 혼란스러워하는지도 모르겠다. 스스무 군은 '괜히 나서지 말아야지' 하고 다짐하고 있는지도 모르겠다.

시로코와 구로코는 어디로 가버렸을까? 그것이 이 글의 주제다.

아마 어디로도 가지 못했을 것 같다.

손해 막심한 염소자리

나는 1월 12일에 태어났으니 별자리를 따지면 염소다. 혈액형은 A형.

우리 마누라는 10월 3일생 천칭자리다. 점성학적으로 염소자리와 천칭자리의 궁합은 그리 좋지 않은 듯하다. 요컨대 염소자리가 땅에다 발을 붙이고 착실하고 꾸준하게 일하면서 반듯하게 사는 데 반해, 천칭자리는 사방팔방으로 분주하게 나다니고 빤질거린다. 붕 떠 있고, 나대기를 잘한다. 염소자리 사람은 '뭐야 대체, 상대할 수가 있어야지'라고 생각하고, 반대로 천칭자리 사람은 '흥, 저렇게 고리타분해서야'라고 생각할 테니, 이래서야 사이가 원만할 리 없다. 좀 흥미로워서 점성술로 유명한 사람에게 나와 마누라의 생일을 제시하고 물어본 적이 있는데, 그때도

"아, 이거 좋지 않군요. 안 그래도 염소자리와 천칭자리는 궁합이 좋지 않은데, 그중에서도 특히 나쁜 운수입니다. 안 좋아요, 최악입니다. 포기하세요"라는 말을 들었다.

그러나 그후로 꽤 긴 세월이 흘렀는데도 아직 그럭저럭 같이 잘 살고 있다.

때로 '아무리 그래도 그렇지, 이건 좀 너무하잖아. 말이 안 돼' 하고 마누라에게 불끈 화가 나는 일도 있지만, 별점 결과대로라면 사태가 이 정도가 아니라 훨씬 더 심각해야 할 테니, 얼마만큼 심각해질지 한번 끝까지 지켜보자는 심산으로 살아가고 있다. 이렇게 사는 것도 나름 심오한 맛이 있다. '아니지, 이런 게 아니야. 좀더, 좀더 뭔가 있을 텐데' 하고 말이죠. 어쩌면 이런 사고방식이 결혼생활에 행복을 가져다주는 열쇠가 아닐까라는 생각이 문득 들 때도 있다. 남에게 적극적으로 권할 마음은 없지만, 어떤 유의 삶의 방식인 건 분명하다.

애당초 나는 점이라는 것에 관심이 없는 인간이다. 별자리니 혈액형이니 공망살이니, 그런 게 뭐가 어떻든 상관하지 않는다. 이성적으로 믿지 않거나, 그런 것들을 믿는 사람을 무시하거나, 그런 것은 아니다. 그저 적극적인 관심이 없을 뿐이다. 세상에 그런 것이 있어도 나쁘지 않겠다고 생각하는 정도다. 하지만 내 쪽에서 자진해 그런 것들과 얽히고픈 마음은 없다. 가령 점을 보았는데 "당신은 올해 좋은 일이 하나도 없을 겁니다. 점점 추락할 뿐이에요"라는 말을 들었다 해도 나는 전혀 개의치 않는다. 관심이 없으니 '아, 그래요' 하고 생각할 뿐이다. 경험상, 점이란 맞을 때도 있고 맞지 않을 때도 있다. 그러니 일일이 신경 써봐야 득 될 게 없다. 해야 할 일을 착실하게 해나가면 그리 나쁜 일은 생기지 않을 거라고 생각한다.

그럼에도 예외적으로 '염소자리와 천칭자리의 만남은 녹록지 않다'는 점성학적 견해만은 굳게 믿고 있다. 역시 경험으로, 전부 맞아떨어졌기 때문이다. 내 주변에는 왜 그런지 염소자리와 천칭자리 커플이 유난히 많다. 나는 이 조합이 어떤 재앙을 가져오는지 잘 알기 때문에, 그런 커플이 이뤄질 것 같으면 늘 "별 볼 일 없으니까 그만두지그래" 하고 충고한다. 하지만 당사자들은 한창 불타오를 때라 그다지 효과가 없어 모두들 결혼으로 골인하고 만다. 노아의 충고를 비웃다가 홍수가 나서 죽은 어리석은 사람들과 별반 다르지 않다. 하지만 뭐, 세상이 그런 것이리라. 재앙의 실체란 그것이 바로 내게 닥쳐오지 않는 한 이해할 수 없는 법이다.

그런 사람들은 결혼해서 한 일 년쯤 지나면 반드시 나를 찾아와 투덜투덜 불평을 늘어놓는다. 찾아오는 쪽은 대개 염소자리다(어찌된 셈인지 내 주위에는 염소자리 여자와 천칭자리 남자

커플이 많다). 투덜투덜의 내용은 대개 똑같은 패턴이다. 요컨대 '지금 같은 생활을 계속하면 내가 압도적으로 손해를 보게 된다'는 것이다.

구체적인 예를 들어보자.

① 남편이 늦게 들어와놓고도 밥을 차려주지 않으면 화를 낸다.

② 내가 꾸준히 절약해서 모은 돈을 남편이 자기 좋을 일에 냉큼 써버린다.

③ 맞벌이를 하는데도 집안일은 나만 한다.

④ 내가 아무 관심도 없는 일을 자꾸 같이 하자고 하고, 싫다고 하면 화를 낸다.

⑤ 그러면서 내 관심사는 철저하게 무시한다.

⑥ 말발이 좋아서 입씨름을 해봐야 내가 항상 진다.

⑦ 기분이 언짢을 때는 며칠이고 퉁퉁 부어 있고,

⑧ 내 기분이 좀 나쁘면 자기가 더 언짢아한다. 언제나 나만 신경을 써야 하니 꼭 바보가 된 기분이다.

뭐 이런 식이다. 이 외에도 아주 많지만 다 열거하자면 끝이 없으니 이쯤에서 끝내겠다. 나도 이런 얘기를 쓰고 있자니 점점 우울해진다.

그러면 나는 일단은 상대에게 동정심을 표하고 "그러니까 애당초 그만두라고 했잖아?"라고 말한다. 세상은 천칭자리와 결혼한 염소자리가 행복할 만큼 만만하지 않은 것이다.

나는 이 천칭자리와 염소자리의 관계를 '캐프리콘—손해 막심한 염소자리'라 명명했다. 물론 록 뮤지컬 〈헤어〉에 나오는 노래 〈빛나는 별자리 어퀘리어스〉를 패러디한 것이다. 개사한 가사는 이렇다.

밤하늘에 빛나는
애처로운 별자리
아무리 함께해도
고뇌는 끝이 없고
이것이 운명, 포기하라
캐프리콘……

아무튼 이 노래를 불러주며 그냥 포기하고 살라고 일러준다. 그래도 그렇지 참 서글픈 노래군요.

이렇게 궁합이 좋지 않다는 염소자리와 천칭자리, 그렇다고 결혼생활이 파탄에 이르느냐 하면 그렇지도 않다. 시간이 아무리 흘러도 사태는 여전히 개선되지 않지만, 투덜투덜 불평을 늘어놓으면서도 그럭저럭 잘 살아간다. 어쩌면 염소자리가 원래부터 손해를 보는 데 익숙하도록 태어나서인지도 모르겠다. 아니면 천칭자리가 큰일이 닥쳤을 때 적절하게 균형을 잡아주는 덕인지도 모르고.

염소자리 A형 얘기로 돌아가자. 세상에 염소자리 A형만큼 평가절하되는 존재도 없지 않을까 싶다. 어떤 별자리 운세를 보아도 형편없는 점괘밖에 나오지 않는다. '평소에 하던 대로 착하고 성실하게'라느니 '무리하지 말고 차근차근, 먼 길도 돌아가라'느니 '괜히 잘난 척하다가는 험한 꼴을 당한다'느니 '하반신 냉증을 주의하라'느니, 죄 그런 내용들뿐이다. 가끔은 '모든 것을 잊고 사랑의 열병에 몸을 불태우라'라든지 '과감하게 예술 방면으로 나가라' 같은 게 나와도 좋지 않을까 생각한다. 나로서는 별자리 운세 담당 필자의 유일한 낙이 염소자리 A형의 험담을 쓰는 것이라고밖에 생각되지 않는다.

염소자리 A형에게 이런 얘기를 하면(또 어찌된 셈인지 내 주변에 꽤 많다) 모두들 그렇다며 고개를 끄덕인다. 다들 자기가 염소자리 A형인 것에 넌더리를 내고 있는 것이다. 나도 가끔은 여자에게 '나는 전갈자리 AB형이니까, 까딱 잘못 걸리면 다칠 수도 있어' 하는 말을 슬쩍 던져보고 싶다. 그게 불가능하다면 물병자리 B형 정도라도 좋다. 그것도 안 되면 사자자리 O형이라도 좋다. 뭐가 됐든 염소자리 A형보다는 낫다.

아무튼 이미지가 영 시원찮은 염소자리인데, 염소자리 유명인사가 다른 별자리에 비해 많은지 적은지 한번 조사해본 적이 있다. 미국의 유명인 신사록 같은 자료를 들춰보면서 하루 종일 한 명 한 명의 별자리를 확인해본 것이다. 그리고 별자리별로 표를 만들어보았다. 결론부터 말하자면, 유난히 유명인사가 많거나 적은 별자리는 없었다. 대충 골고루 분포되어 있다. 예술 방면에 적합하지 않다는 염소자리의 분포도도 꽤 괜찮았다. 데이비드 보위와 다이앤 키튼, 캐리 그랜트, 도나 서머 모두 염소자리다.

염소자리 여러분, 다같이 힘을 냅시다. 살다보면 좋은 일이 있을지도 모르잖아요.

청춘이라 불리는 심적 상황의 끝에 대하여

청춘은 끝났다.

이런 서두를 보면 은근슬쩍 겁이 나시죠? 나도 겁이 납니다. 하지만 아무튼 끝이 났으니 어쩔 수 없다. 내 나이도 어언 마흔에 가깝고, 잠시 운동을 게을리하면 축 늘어진 옆구리살이 신경 쓰인다. 옛날에 비하면 이도 참 꼼꼼하게 닦는다. 젊은 여자와 술을 마실 때는 설교투의 말은 절대 하지 않으려 새삼 주의해야 한다. 과거 나의 아이돌이었던 짐 모리슨은 오래전에 죽었고, 브라이언 윌슨은 코카인 중독으로 투실투실 살이 쪘다. 같은 세대거나 그에 가까운 세대의 여자 친구들은 모두 결혼했고, 대부분 애 엄마가 되어 이제는 아무도 나와 놀아주지 않는다. 젊은 여자와 대화를 나눈다 해도 어차피 공통의 화제가 얼마 없기 때문에 오래가지 못하는 경우가 많다. 그렇다, 이미 중년이다. 싫든 좋든 상관없이.

나는 현재 배도 나오지 않았고, 몸무게도 대학 시절과 거의 다르지 않고, 다행히 아직은 머리숱도 많다. 내세울 것은 건강 하나. 병 한 번 앓은 적이 없다. 하지만 그래도 역시 세월이란 것은 자기 몫을 걷어간다. 당연하다. 세월이란 그러기 위해 존재하는 것이다. 세월이 세월의 기능을 하지 않으면 우주의 질서가 혼란스러워질 것이다. 그러니 나이 드는 게 딱히 서럽지는 않다. 적어도 아직까지는 서럽다고 여기지 않는다. 뭐 이것도 나름 괜찮다고 생각한다. 어쩔 수 없다고 생각한다.

다시 한번 스무 살 때로 되돌아갈 수 있다 해도 귀찮을 것 같다는 생각이 앞선다. 스무 살은—그때는 그때대로 즐거웠지만—인생에 한 번이면 족하지 않을까 하는 기분이 든다. 나는 그런 식으로 과거를 돌아보고 싶지 않다. 과거가 있어 지금의 내가 있다. 하지만 지금 있는 것은 지금의 나이지 과거의 내가 아니다. 나는 어떻게든 지금의 나와 잘해보는 도리밖에 없다.

언제 청춘이 끝났는가란 기준은 사람에 따라 다를 것이다. 저도 모르게 어영부영 끝나버렸다고 생각하는 사람도 있을 테고, 어떤 시점에서 끝났다고 명확한 포인트를 파악하는 사람도 있을 것이다.

얼마 전에 옛 친구를 만나 얘기를 나누는데, 그 친구가 불쑥 "청춘이 끝났다는 걸 요즘 들어 절실하게 느껴"라는 말을 꺼냈다.

"아니 왜?"

"그게 말이야, 난 아들 녀석이 있잖아. 지금 여섯 살인데, 그 녀석을 보고 있으면 가끔가다 문득 이런 생각이 들어. 앞으로 이 녀석은 점점 자라서 여자도 많이 만나고, 사랑도 하고, 연애도 하고, 그런 일이 아주 많겠지, 하고 말이야. 그런데 내게는 이제 그런 일이 없을 거 아냐. 전에는 물론 있었지. 그런데 앞으로는 없어. 어이없게 들리겠지만, 그러니까 질투를 하는 거야. 내가, 아들 녀석의 앞날을 말이야."

"지금부터라도 누구를 사랑하면 되잖아."

나는 그렇게 말해보았다.

"무슨 소리. 그럴 정력이 어디 있다고. 게다가 설령 그런 일이 생긴다 해도 예전 같은 기분이 두 번 다시 돌아올 리 없지. 그러니까, 내가 청춘이 끝났다고 하는 건 그런 뜻이야."

"아들 녀석을 시샘하다보니 청춘이 끝났다는 것을 알았다는 말인가?"

"응."

내 경우 청춘이 끝났다고 느낀 것은 서른 살 때였다. 지금도 그때 일을 분명하게 기억한다. 아주 세세하게 묘사할 수 있다.

나는 아자부에 있는 어느 멋진 레스토랑에서 아름다운 여자와 식사를 하고 있었다. 그렇다고 단둘이 있었던 것은 아니다. 우리 일행은 모두 넷이었고, 게다가 일 때문에 모인 자리였다. 낭만적인 분위기는 조금도 없었다. 내가 그녀를 만난 건 그날이 처음이었다.

그녀를 보는 순간 나는 깜짝 놀라고 말았다. 내가 옛날에 알았던 한 여자와 너무도 닮았기 때문이었다. 얼굴도 꼭 닮았고, 분위기도 아주 비슷했고, 웃는 모습도 똑같았다. 나는 옛날에 그 여자를 사랑했고, 꽤 괜찮은 선까지 갔지만 이렁저렁하다 헤어졌고, 그후로는 만나지 못했다. 지금 어떻게 지내는지도 모른다.

그녀가 정말 그 여자를 많이 닮았던 것이다. 그래서 나도 모르게 설레는 마음으로 와인을 마시고, 파테와 수프를 먹었다. 지난날들이 되돌아온 듯한 기분이었다. 그래서 뭐가 어쨌다는 것은 아니고, 그냥 좋지 않은가. 나쁘지 않다. 유사체험, 게임과 마찬가지다.

식사를 하면서 일에 관해 세부적인 이야기를 나눌 때도 나는 때때로 그녀 쪽을 보았다. 그녀의 말투며 샐러드를 먹는 모습을 다시금 확인하듯 힐끗거렸다. 보면 볼수록 그녀는 나의 옛 여자친구와 비슷했다. 정말이지 가슴이 아릴 정도로 닮았는데, 다만 나이 탓인지 그녀 쪽이 조금 시크했다. 입고 있는 옷이며 화장,

헤어스타일, 몸짓까지 전부 시크했다. 그 여자도 나이를 먹었으니 이런 모습일까, 하고 나는 생각했다.

식사가 끝나고, 디저트를 먹고, 커피가 나왔다. 일 얘기도 대충 마무리되었다. 앞으로 더는 그녀를 만날 일이 없을 것 같았다. 다시 만나고 싶은 생각은 딱히 없었다. 굳이 말할 필요도 없지만, 아무리 닮았다 한들 그녀와 나의 옛 여자친구는 같은 사람이 아니다. 그것은 그저 유사체험이고 환상일 뿐이다. 그녀와 함께 식사한 것은 무척이나 즐거웠지만, 그게 전부다. 몇 번이든 되풀이할 일은 아니다. 그것은 우연히 스쳐지나 사라질 일이다.

나는 그 사실을 잘 알고 있었다. 내 나이 서른이었고 그 정도 분별력은 갖추고 있었다. 하지만 동시에 이대로 끝내고 싶지 않은 마음도 있었다.

"내가 옛날에 알았던 한 여자와 참 많이 닮았군요. 정말 놀라울 정도로."

마지막으로 나는 그렇게 말해보았다. 말하지 않을 수 없었는데, 그러나 말하지 말았어야 했다. 말한 순간 나도 말한 것을 후회했다.

그녀는 방긋 웃었다. 아주 멋진 웃음이었다. 완결된 웃음이었다. 그리고 이렇게 말했다.

"남자분들은 그런 말씀을 잘 하시네요. 세련된 말이라고는 생각하지만."

마치 어느 영화의 대사처럼, 그녀는 그렇게 말했다.

그런 게 아니라고. 이건 세련된 말 같은 게 아니야. 난 당신을 유혹하려는 게 아니야. 정말 그 여자를 꼭 닮았다고. 나는 그렇게 말하고 싶었다. 하지만 말하지 않았다. 무슨 말을 하든 어차피 소용없으리라고 생각했다. 어쩔 수 없다. 그래서 나는 침묵했다. 내가 말이 없자 곧 화제가 바뀌었다.

그녀의 말에 화가 났다거나 불쾌한 감정을 품었던 것은 아니다. 나는 그저 포기했을 뿐이었다. 그리고 그녀의 기분도 이해했다. 그녀는 지금까지 아마 몇 번이나 그와 비슷한 말을 들어왔을 것이다. 아름답고 매력적인 여자이니 갖가지 성가신 일과 혐오스러운 일을 당했을지도 모른다. 아름답고 매력적인 여자는 쉬 불쾌한 경우에 처하는 법이라는 것도 나는 알고 있었다. 그래서 그녀를 비난하고 싶은 마음은 조금도 없었다. 하지만 그때, 아자부의 세련된 레스토랑의 한 테이블에서, 내 안의 무언가가 사라지고 훼손되고 말았다. 그것은 틀림없었다. 내가 줄곧 신뢰하며 살아왔던 어떤 유의 무방비함—유보 조건이 없는, 있는 그대로의 무방비함 같은 것이 그녀의 말 한마디에 어이없이 사라지고 상실되고 말았다. 이상한 얘기지만 나는 몹시 괴로운 나날에도 그것만은 생채기가 나지 않도록 고이고이 지켜왔었다. 왜 그렇게 소중하게 지켜왔는지는 설명하기 어렵다. 물론 나는 과거에 그 여자를 좋아했다. 하지만 그것은 이미 끝난 일이다. 그러니까 결국 내가 소중하게 간직했던 것은, 정확히 말해 그녀가 아니라 그녀에 관한 기억이었다. 그녀에 부수되는 나의 어떤 심적 상황이었다. 어떤 시기의 어떤 상황에서만 주어지는 어떤 유의 심적 상황—그것이 실로 허무하게 사라져버린 것이다. 그녀와의 그 짧은 대화로, 한순간에.

그리고 그것이 사라짐과 동시에 청춘이라는 이름으로 불릴 만한 막연한 심적 상황도 끝나고 말았다. 나는 그것을 인식할 수 있었다. 나는 그전까지와는 다른 세계에 서 있었다. 그리고 이렇게 생각했다. 어떤 일의 끝이라는 것은 어쩌면 원래 이리도 어이없고 조촐한 게 아닐까. 그녀가 그리 대단한 말을 한 것도 아니다. 그것은 정말—아마도 별 뜻 없는—가벼운 대화였다. 농담으로 치부할 수도 있을 만큼.

만약 자신의 한마디가 결과적으로 내 청춘의 막을 내리게 했다는 것을 알면 그녀도 아마 놀랄 것이다. 지금의 나에게는 누가 언제 막을 내렸든 정말 아무 상관 없는 일이지만.

지금 와서는.

강범 참외

요즘은 외국 영화의 번역 제목 중 이렇다 하게 좋은 것이 안 보인다. 히트한 영화 중에도 〈스타 워즈〉 〈E.T.〉 〈조스〉 〈레이더스〉 등 오리지널 타이틀을 그대로 쓴 경우가 많다. 〈레이더스〉니 〈블레이드 러너〉니, 불쑥 들으면 무슨 뜻인지 전혀 알 수가 없잖습니까. 이렇게 외화 제목을 그대로 사용하는 것은 불친절한 일이라고 생각한다. 하기야 〈레이더스〉처럼 '잃어버린 성궤'라는 부제 때문에 더욱 영문을 알 수 없게 되는 예도 있지만.

최근 아리송했던 제목은 진 와일더와 리처드 프라이어가 출연한 영화 〈스타 크레이지〉다. 이것의 원제는 'Star Crazy'가 아니라 'Stir Crazy'인데, 'Stir Crazy' 하면 무슨 의미인지 아시겠나요? 나는 전혀 모르겠다. 그래서 커다란 사전을 꺼내와 찾아보았는데(작은 사전에는 실려 있지 않았다), 'mentally ill because of long imprisonment', 즉 '오랜 감방 생활로 머리가 좀 이상해진'이라고 나와 있었다. 물론 슬랭이다. 외화를 국내에 개봉하면서 일반 사람들은 아무리 생각해도 모를 복잡한 말을 그대로 제목으로 쓸 건 없지 않은가. 게다가 발음 표기법 문제로 〈스타 크레이지〉가 되었으니 누구든 'Star Crazy'라고 생각할 터, 이는 배급회사의 불친절 내지는 태만이다. 이런 때야말로 솜씨를 발휘할 기회라 여기고, 압도적인 번역 제목을 붙여 돈이나 왕창 벌자고 생각해야 마땅하지 않을까.

옛날 사람들 같으면 〈얼빠진 교도소 소동〉쯤의 제목을 붙였을 법한데, 이런 제목도 좀 고리타분하니까 가령 〈교도소 파라다이스〉나 〈탈옥 개그 파티〉 정도로 하면(예를 들자면 그렇다는 얘기입니다, 물론), 이 영화가 희극이며 나아가 무대가 교도소라는 것을 한눈에 알 수 있다. 그런데 〈스타 크레이지〉라고 하면 뭐가 뭔지 도통 알 수가 없다.

반면 옛날 사람들은 정말 착실하게 번역 제목을 붙였다. 너무 착실해서 원래 제목과 바뀐 제목이 어떻게 연결되는지 애매모호하다는 난점이 있었지만, 아무튼 그런대로 맛깔스럽기는 하다.

예를 들면 〈It Happened in Brooklyn〉은 〈변두리 천국〉, 〈Reckless〉는 〈무궤도 행진곡〉, 〈Royal Wedding〉은 〈연애 준결

승전〉으로 둔갑했는데, 이 정도면 아주 유쾌하다. 〈연애 준결승전〉은 사실 무슨 소리인지 전혀 모르겠지만, 제목만 보고도 극장에 한번 가볼까 싶은 기분이 들 것 같다. 이 영화는 미적지근하지 않아요, 화끈하고 신나는 연애영화랍니다, 하는 메시지가 제목에서 풀풀 전해지기 때문이다.

오늘날 일본의 영화 배급 관계자 중에서 그 전통을 번듯하게 계승한 이들은 뭐니뭐니해도 성인영화 전문업자들이다. 최근에는 〈Liquid Assets〉를 〈슈퍼 오나돌 범교犯咬〉로, 〈Sound of Love〉를 〈돌비 오르가슴 강음腔淫〉이라는 엄청난 제목으로 개봉했다. 굉장한 언어감각이다. 그나저나 재미나다. 과연 어떤 사람들이 '강음'이라는 말을 생각해낸 걸까. 이런 영화를 배급하는 회사의 책상 위에 '性'이나 '淫' '犯' '腔' '濡' '勃' '液' 등의 그렇고 그런 글자가 쓰인 카드가 주르륵 놓여 있고, 사원이 카드 몇 장을 이리저리 섞어서 단어를 만들어내지 않을까 하는 게 내 생각인데. '性濡'이니 '勃犯'이니 하고 말이다. 〈범음犯淫 준결승전〉 같은 타이틀도 재미나다. 하지만 날마다 이런 생각을 하다보면 머리가 이상해지지 않을까. 머리가 이상해져서 자기도 모르게 강성腔性을 하고 말이죠.

대체 내가 무슨 소리를 하고 있는 건지 모르겠지만, 요컨대 멋들어진 번역 제목이 붙은 영화는 아주 흥미롭고 인상에도 잘 남는다는 얘기입니다.

팝 뮤직의 세계에서도 옛날에는 〈슬픈 소년병〉이니 〈어린애가 아니야〉니 〈딸기의 짝사랑〉이니 하는 식으로 번역 제목을 대충 붙이는 게 예사였는데, 비틀스가 출현한 후로 그런 현상이 죄 사라져 심심하다. 그중 〈딸기의 짝사랑〉이란 제목이 붙은 사연은 이렇다. 낸시 시내트라가 그전에 부른 노래가 〈레몬의 키스〉였는데, 〈레몬의 키스〉가 히트를 쳤으니 이번에는 '딸기'로 가자고 했던 모양이다. 이런 식으로 붙인 제목을 나는 무척 좋아한다. 〈포도의 고백〉이라든지, 〈사과의 웨딩〉 〈드리죠 오렌지〉 〈강범腔犯 참외〉, 뭐 이런 거.

최근에 비교적 마음에 든 제목은 레이 파커 주니어의 〈I Still Can't Get Over Loving You〉란 노래의 번역 제목 〈아이 Still 사랑해〉이다. 실로 멍청하고 품위도 없지만, 기억하기 쉬우니 나쁘지는 않다고 생각한다. 제목의 뜻도 충분히 담고 있다. 제목 번역은 이렇듯 대충 하는 것이 좋지 않을까. 홀&오츠의 〈세이 잇 이즌 소〉를 들려드리겠습니다, 라고 하면 '그야 뭐 물론 그렇겠지'란 기분이 들고 만다. '다음으로 들려드릴 곡은 홀&오츠의 〈포도의 고백〉입니다' 정도면 족하지 않을까. 완벽한 번역이란 근원적으로 있을 수 없고, 그리고 이렇게 말하면 좀 그럴지도 모르겠지만, 고작해야 팝송이니까.

재즈 스탠더드넘버에 이르면 상황은 더욱 끔찍해진다. 롯폰기에 있는 재즈 클럽 같은 데 가면 여가수가 혀를 오글오글 말면서 "다음 곡은 〈I Guess I'll Have to Hang My Tears Out to Dry〉"라느니, "〈Spring Will Be Little Late This Year〉를 불러드리죠"라고 말한다. 그런 제목쯤 〈눈물에 젖어〉나 〈뒤늦은 봄〉이라고 적당히 바꿔 말하면 피차 이해하기 쉬울 텐데, 좀처럼 그러지 못하는 듯하다. 그리고 영어로 술술 말하는 편이 더 재즈스럽다는 풍조도 나는 별로 달갑지 않다. 같은 노래를 팝 싱어가 부를 때는 〈내가 좋아하는 것〉인데 존 콜트레인이 연주할 때는 〈마이 페이버릿 싱〉이 되고 말이죠. 완전한 차별이다. 옛날 사람들은 외국 노래에도 〈말할 수 없어서I Can't Get Started〉, 〈천금 같은 달빛Get Out and Get Under The Moon〉 등의 아주 멋진 제목을 붙였으니 현대라고 그러지 못할 리는 없다고 생각한다. 나는 재즈 팬이며 일단은 영문학을 번역하는 인간이지만, 'I Guess I'll Have to Hang My Tears Out to Dry' 같은 문장을 단숨에 말하지는 못하거든요.

지바 현 택시 기사

전에 한 삼 년 정도 지바 현에 살았다. 사정이 있어 지바로 이사했다가, 또 사정이 있어 지바를 떠났다. 어떤 고장이든 마찬가지지만 그곳에서는 갖가지 재미나는 일이 있었고, 또 불쾌한 일도 있었다. 하지만 꽤 오래전 일이라서 이제는 좋았던 일도 싫었던 일도 대부분 다 잊었다. 그것이 바로 이사의 좋은 점이다. 많은 것을 잊을 수 있다는 것. 같은 곳에 계속 살다보면 잊고 싶어도 잊을 수 없는 일들이 점점 쌓여간다.

아무튼 지바에 살던 때의 이야기.

우리 집은 쓰다누마 전철역에서 택시를 타면 요금이 천2백 엔 정도 나오는 거리였다. 원래는 다시 전철을 갈아타거나 버스를 타야 하는데, 그러기가 몹시 귀찮아 대개 택시를 탔다.

볼일이 있어 우리 집에 찾아오는 편집자들도 모두 택시를 타고 왔다. 돌아갈 때에도 택시를 불렀다.

"저기요, 무라카미 씨. 아까 택시 타고 오면서 든 생각인데, 이 부근 택시 기사는 도쿄의 택시 기사들과 얼굴 생김새가 전혀 다르던데요."

한 편집자가 감탄스럽다는 듯이 내게 말했다.

"뭐랄까, 그야말로 딱 시골 택시 기사 같은 인상이더라고요."

그런 말을 듣고 보니 그런가 싶기도 했다. 택시 기사의 얼굴을 그리 주의 깊게 본 적이 없으니 확신할 수는 없지만, 대체로 메이지 제과의 칼* 광고에 나올 법한 얼굴이 많았던 것 같다.

그다음 도쿄에 갔을 때 예의 주시해서 택시 기사 얼굴을 살펴보고 다시 지바로 돌아와 지바 택시 기사의 얼굴과 비교해보니, 아하, 역시 달랐다. 인상도 그렇거니와 태도와 말투까지 지바 쪽이 압도적으로 '칼 아저씨'스러웠다. 쓰다누마는 이제 완전히 도쿄 통근권에 속하는데 택시 기사의 얼굴 표정 하나만 봐도 이렇게 다르구나 싶어, 나는 새삼스레 감동하고 말았다.

왜 그렇게 표정이 다른지 여러모로 생각해봤는데, 우선 첫째

* 우리나라의 바나나킥과 비슷한 과자. 얼굴이 넓적하고 수염이 난 아저씨 캐릭터가 광고에 등장한다.

로는 지바에서 태어나고 자란 사람들이 자기 고장 택시 회사의 운전기사가 된 경우가 많아서일 것이다. 지바는 원래 농경 지역이었으니 결과적으로 얼굴 생김새나 행동거지가 '칼 아저씨'스러워지는 것을 피할 수 없다. 그에 반해 도쿄라는 곳은 전국구이기 때문에 얼굴 생김새도 다문화적일 수밖에 없고 다양한 경향이 고루 공존하게 된다. 그러니 기업으로서 택시 회사의 체질도 마땅히 집약적 색채를 띠게 된다.

그리고 도쿄에 비하면 지바에서 운전기사 노릇을 하는 편이 아무래도 스트레스가 적다. 그러니 운전기사도 신경질적으로 까칠하게 굴지 않는다. 아주 느긋한 편이다. 그래서 표정 또한 자연스레 느긋해지는 거라고 생각한다.

요컨대 두번째 요인이 첫번째 요인을 보강하고 강화하는 셈이다. 좀더 먼 시골로 가면 이 경향이 압도적으로 두드러질 테지만, 쓰다누마 언저리에서도 충분히 그런 분위기를 음미할 수 있다.

내 경험으로 말하는데, 지바의 택시 기사는 도쿄의 기사에 비해 손님에게 말을 참 잘 건다. 말을 거는 기사가 말을 걸지 않는 기사보다 많을 듯한 정도다. 나는 처음 보는 사람과 얘기하는 데 서투른데, 예외로 택시 기사와 얘기하는 것은 싫지 않다. 어차피 내리고 나면 끝나는 관계이니 부담이 없고, 게다가 택시 기사가 하는 얘기 중에는 흥미로운 것이 많기 때문이다. 그들은 실로 많은 것을 알고 있다.

"저 건널목 앞에 소나무가 있는 커다란 집 보이죠? 이 부근 일대 땅 주인의 집인데, 아들이 칠 년 전에 여자를 죽이고 다테야마 앞바다에 버렸다는 거 아닙니까."

이런 식의 지역정보에 유난히 밝다. 도쿄의 운전기사에 비해 여기저기로 거처를 옮기는 일이 적고 오래도록 한곳에서 일한 사람이 대부분이라 저절로 지역사정에 통달하게 되는 것이다.

우리 집 근처, 비교적 근자에 조성된 아담한 분양주택지를 달리고 있는데 운전기사가 불쑥 이런 말을 꺼냈다.

"대지진이 발생하면 이 부근 집들은 폭삭 다 쓰러질 겁니다."

무슨 소리인가 싶어 물어보니 그 부근 땅은 지하수가 많고 지반이 물러서 주민들도 오래전부터 손대지 않고 내버려두었는데, 몇 년 전 토지개발업자가 한꺼번에 사들인 후에 분양주택을 지어 되팔았다는 모양이다.

"모르고 산 사람들만 딱하게 되었죠."

그는 그렇게 말했다. 물론 사실인지 아닌지 확증은 없지만 충분히 그럴 법한 얘기고, 만약 사실이라면 끔찍한 일이다. 앞으로 땅을 살 계획이 있는 분들은 그 지역 택시를 타고 정보를 입수한 후에 실천에 옮기는 것이 좋을 듯하다. 아무것도 모르고 사연 있는 땅을 샀다가 지진이 나서 집이 폭삭 내려앉거나, 밤마다 피투성이 여자 유령이 복도를 어슬렁거린다면, 아무래도 곤란하지 않을까 싶다.

그리고 또 한 운전기사는 살인범을 태운 적이 있다는 얘기를 내게 해주었다. 단 살인을 저지른 후의 살인범이 아니라 살인을 저지르기 전의 살인범이다. 따라서 그 택시에 탔을 당시 그는—설명하기가 복잡하지만—언젠가 살인범이 될 운명을 짊어진 보통사람이었다. 운전기사는 살인범이 되기 전 '보통사람'이었던 살인범을 택시에 태웠고, 몇 달 후 그 얼굴을 텔레비전 뉴스에서 볼 때까지 줄곧 기억하고 있었던 것이다.

"아, 저 사람 그때 그 손님이구나 하고 금방 알아봤죠. 텔레비전 보고서."

"아니, 하루에도 백 명 정도는 손님을 태울 텐데 어떻게요?"

나는 물어보았다.

"그렇다면 한 사람의 얼굴을 몇 달이나 기억하고 있었다는 얘깁니까? 그 손님을 태웠을 때 무슨 특별한 일이라도 있었나요?"

"아니요, 특별한 일은 하나도 없었습니다. 흔히 보는 아주 평범한 얼굴이었고, 말수도 별로 없었어요. 그런데 신기하게도 생생하게 기억하고 있었어요. 다른 손님 얼굴은 일일이 기억 못 하는데 말입니다. 모르겠어요, 왜 기억하고 있었는지."

직업상의 감이라고 해야 하나, 아무튼 대단하다는 생각이 든다. 어쩌면 단순한 착각일지도 모르고, 또 어쩌면 그냥 닮은 사람이었을지도 모른다. 하지만 하나의 에피소드로는 상당히 흥미롭다. 그런 얘기를 들으면 택시비를 내면서도 확실하게 본전을 뽑은 기분이 든다.

"그렇게 인상에 남는 얼굴이 따로 있을까요?"

나는 또 물어보았다.

"음, 글쎄요. 있겠죠."

"어떠세요, 제 얼굴은 기억에 남을 것 같습니까?"

나는 확인차 물어보았다.

운전기사는 룸미러로 힐끗 내 얼굴을 보고는 "음, 꽝입니다. 금방 잊어버릴 거예요. 그러니까 손님은 나쁜 짓을 못 할 겁니다. 좋은 일도 별로 안 하겠지만요."

운전기사는 바로 그런 대답을 했다.

기뻐해야 할지 슬퍼해야 할지, 판단하기가 심히 괴롭다.

그리고 손님의 정체를 요모조모 궁금해하는 것도 지바 택시 기사들의 습성이다. 아무튼 시시콜콜 캐묻기를 좋아한다. "손님, 무슨 장사를 하시는데요?" 뭐 이런 질문은 흔히 들었다.

그 무렵 나는 대학교 정문 바로 근처에 살았기 때문에 서른다섯 나이에도 종종 대학생으로 오인을 받았다. 청바지와 트레이너 같은 것을 즐겨 입었던 탓도 있다. 겨울방학에 택시를 타면 이런 소리를 곧잘 들었다. “설날에 고향에 안 내려가나? 부모님이 섭섭해하실 텐데.”

지바의 택시 기사 중에는 설날이니 추석이니 하는 날을 중시하는 사람이 비교적 많다. 설명하기 귀찮아 “일하느라 바빠서 못 갑니다”라고 대답했더니, “아, 그런가. 일하면서 공부하느라 고생이 많군” 하며 진심으로 동정했다. 도쿄에서는 이런 일이 별로 없는데.

마누라에게 그 얘기를 했더니 “어머, 그래도 당신은 그나마 낫네. 젊어 보인 거잖아. 나한테는 얼마 전에 대학교수 아니냐고 하더라니까”란다. 택시를 타고 같은 장소에서 내렸는데도 나와 마누라를 보는 운전기사들의 눈에는 큰 차이가 있는 모양이다.

우리 집에 원고를 받으러 온 한 여자 편집자는 술집 호스티스로 오해받기도 했다. 상당한 멋쟁이인 그녀는 그때도 시크한 검은색 원피스를 입고 있었는데, 단지 그 이유만으로 택시 기사가 술집 호스티스로 오해한 것이다. 지바에 올 때는 집을 나서기 전에 신중하게 생각하고서 적합한 차림을 하고 와야 할 것 같다.

“아니 대체, 술집 호스티스가 이런 대낮에 왜 지바에서 택시를 타겠어요.”

그녀는 그렇게 말하며 어이없어했는데, 물론 옳은 말이다. 그녀는 돌아가는 택시 안에서도 가엾게 “아가씨, 농가의 며느리로

오는 건 싫나? 농사가 싫은 거로군. 그렇게 도시가 좋은가?" 하며 기사에게 끈질기게 설득을 당했다고 한다. 전화로 울먹이며 "저, 이제 무라카미 씨 댁에 찾아뵙고 싶지 않아요"라고 할 정도였다. 정말이지 너무도 시골스러운 얘기다.

그나저나 지바의 택시 기사들은 디즈니랜드를 '데즈'라고 한다. 무전기에서 몇 번이나 "데즈 방향 없습니까?"라거나 "지금 데즈로 갑니다"라는 소리가 들려서, 나는 지바 어딘가에 데즈라는 기묘한 이름의 동네가 있나보다고 착각했다. 어느 날 문득 생각이 나서 물어보았더니 "허, 손님, 그걸 모르십니까? 데즈 하면 당연히 '데즈니랜드'죠"라며 슬쩍 바보 취급을 했다. 이런 꾸밈없는 급진주의도 도쿄 택시 업계에서는 그다지 찾아볼 수 없는 현상 중 하나일 것이다.

챈들러 방식

아주 오래전에 어떤 책에서 레이먼드 챈들러의 소설 쓰는 비결에 관한 글을 읽은 적이 있다. 당시에는 내용을 정확하게 기억하고 있었는데 상당히 오래전 일이라 대부분 잊어버렸다. 꽤 흥미로운 내용이었던 것 같아 다시 한번 읽어보고 싶은데 출처가 어디였는지 도통 생각나지 않는다. 이런 일은 흔하다. 좋았다는 기억은 있는데, 어떻게 좋았는지는 정확히 기억나지 않는.

하지만 그 글에서 딱 한 부분 지금도 기억하는 것이 있다. 하기야 이것도 내가 그렇게 기억하고 있을 뿐 세세한 부분이 정확할지는 자신이 없다. 만약 잘못된 부분이 있다면 죄송합니다. 그러나 내가 그렇게 기억하고 그렇게 기억하는 내가 존재하고 있으니, 그 기억 또한 엄연하게 존재하는 셈이다. 뭐 어쩔 수 없지 않나 생각한다.

아무튼 나는 그것을 챈들러 방식이라고 부른다.

우선은 책상 하나를 딱 정하라고 챈들러는 말한다. 글을 쓰기에 적합한 책상 하나를 정하는 것이다. 그리고 그 위에 원고지며(미국에는 원고지가 없지만, 그에 준하는 것) 만년필, 자료 등을 갖춰놓는다. 반듯하게 정리할 필요까진 없지만 언제든 일할 수 있는 태세를 유지해야 한다.

그리고 매일 일정 시간—예를 들어 두 시간이면 두 시간—그 책상 앞에 앉아서 보내는 것이다. 물론 그 두 시간 동안 술술 글을 쓸 수 있다면야 아무 문제도 없다. 그러나 글이란 그리 쉬이 써지는 것이 아니니 한 줄도 못 쓰는 날도 있다. 쓰고 싶은데 도무지 제대로 써지지 않아 짜증이 나서 내던질 때도 있고, 처음부터 글 따위 조금도 쓰고 싶지 않을 때도 있다. 또는 직관적으로 오늘은 아무것도 쓰지 않는 게 좋겠다고 깨닫는 날도 있다(아주 드물지만, 있다). 그럴 때는 어떻게 하면 좋은가?

설령 한 줄도 못 쓴다 해도 아무튼 책상 앞에 앉아 있으라고 챈들러는 말한다. 아무튼 책상 앞에서 두 시간을 꼼짝 말고 있으라고.

그동안 펜을 쥐고 어떻게든 글을 쓰려 노력할 필요는 없다. 아무것도 하지 않은 채 그저 멍하니 있어도 된다. 대신 딴청을 피워서는 안 된다. 책을 읽거나 잡지를 뒤적거리거나 음악을 듣거나 그림을 그리거나 고양이와 놀거나 다른 사람과 얘기를 나누거나 해서는 안 된다. 쓰고 싶어지면 언제든 쓸 만한 태세를 갖추고 가만히 있어야 한다. 아무것도 쓰지 않는다 한들 쓸 때와 똑같이 집중하는 태도를 유지하라는 얘기다.

그러고 있다보면 당장은 한 줄도 쓸 수 없더라도, 언젠가는 반드시 글이 써지는 사이클이 돌아온다. 초조하게 굴면서 불필요한 일을 해봐야 얻어지는 건 없다. 이것이 챈들러의 방식이다.

나는 이런 방식을 비교적 좋아한다. 건전한 자세라고 생각한다. 물론 개인의 취향 문제지만, 어니스트 헤밍웨이처럼 전쟁이 터질 때마다 외국으로 뛰쳐나가거나 아프리카의 산에 오르거나 카리브 해에서 청새치를 낚고는 그 일화를 소설의 소재로 삼는 방식을 나는 기꺼워하지 않는다. 텔레비전 프로그램의 '무슨무슨 스페셜'과 발상의 근본이 똑같지 않나. 그런 식으로 글을 쓰다보면 점점 그 경향이 심화되어 부자연스러운 방식으로 소재를 찾게 된다.

그런 예에 비하면 '두 시간 동안 책상 앞에 앉아 꼼짝 말고 있어라. 그러다보면 뭐가 돼도 될 테니까'라는 건 정상적인 사고다. 돈도 들지 않고 타인에게 해가 되지도 않으며 별달리 품이 들지도 않는다. 무엇보다 외적 요인에 의지하지 않는다는 점이

당당하고 바람직하다.

나는 원래 멍하니 있는 것을 좋아하는 사람이어서 소설을 쓸 때는 대개 이 챈들러 방식을 채용한다. 뭐가 어찌되었든 매일 책상 앞에 앉는다. 쓸 수 있든 없든, 책상 앞에서 두 시간을 멍하니 보낸다.

멍하니 시간을 보내는 것은 간단하다면 간단하지만 꽤 어려운 일이기도 하다. 어떤 유의 요령도 필요하다. '하품 교습소'*까지는 아니지만, 멍하게 있을 때의 나는 어떤 모습인지 써보기로 한다.

---

* 하품하는 방법을 가르친다는 내용의 유명한 고전 만담.

우선 양손으로 턱을 괸다. 양손 엄지손가락으로 하관을 누르고 새끼손가락으로는 눈 끝을 누른다. 그리고 목에서 힘을 빼고 양눈의 초점을 살짝 어긋나게 한다. 나는 다행히 시력이 오른쪽 0.08에 왼쪽 0.5라서, 목에서 힘만 빼면 따로 애쓰지 않아도 초점이 자연스럽게 어긋나면서 시야가 흐려진다.

가끔가다 생각났다는 듯이 자세를 조금씩 바꾼다. 대충 이런 상태로 시간을 보낸다. 내 책상 앞에는 창문이 있고, 창문 너머에는 천 평 남짓한 공터가 있다. 병원 부지로 확보했다는데 건축 허가가 나지 않아 그대로 방치된 넓은 땅이다. 그곳에서는 억새와 양미역취가 치열한 전투를 벌이고 있다. 나는 그저 멍한 시선으로 망연히 바람에 흔들리는 억새와 양미역취를 바라본다.

한참을 이러고 있다보면 뇌수가 팬케이크 반죽 같은 상태가 된 듯한 기분이 든다. 그런 착각이 엄습한다. 꼼꼼하게 치대지 않아 군데군데 구멍이 난 팬케이크 반죽. 머리를 뒤로 젖히면 그 구멍 난 뇌수가 뭉글뭉글 뒤로 이동하고, 앞으로 젖히면 마찬가지로 뭉글뭉글 앞으로 이동한다. 그게 재미있어서 몇 번이고 계속한다.

창밖에서는 양미역취와 억새가 하염없이 바람에 흔들린다. 개가 다가왔다가 다시 멀어진다. 비행기도 날아간다. 지금은 1983년 봄이고, 나는 서른네 살이다. 나는 책상 앞에 한없이 멍하니 앉아 있다. 정말 이러고 있다보면 글이 나올까, 하고 생각한다. 지금은 아무것도 쓰고 싶지 않다. 왜 그런지는 모르겠지만.

일본 장기신용금고의 문화충격

극히 일부나마 여직원의 옷차림이 유니폼에서 사복으로 바뀐 것은, 다소 과장해 표현하자면, 일본 장기신용금고의 남자 직원에게 문화충격이었다. 여자 직원 전원이 '여자'였다가 지금은 경쟁 상대인 '동료'가 되었다. 그 사실이 말 그대로 눈에 보였다.

(1985년 12월 9일 아사히 신문)

글의 일부만 발췌해 비판하는 행위가 공정하지 않다는 것은 충분히 알지만, 개인적으로 이런 유의 글을 그리 좋아하지 않는다. 상황을 간단하게 정리한 것까지는 좋은데 너무도 단순명쾌하게 뭉뚱그린 바람에 글 전체의 신뢰도가 떨어진다. 읽다보면 정말 그럴까 하는 의문이 생긴다.

일본 장기신용금고의 남자 직원들 모두가 정말로 여자 직원의 옷차림이 사복으로 바뀐 것을 보고 '야, 이거 문화충격이로군' 하고 생각했을까? 그럴 리는 없다고 생각한다. 개중에는 '유니폼에서 사복으로 바뀌었다고 뭐가 달라져' 하는 사람도 분명히 있을 것이다. 또 한 사람 정도는 '어? 사복으로 바뀌었던가? 언제부터? 사흘 전? 난 전혀 몰랐네' 하는 반응을 보이지 않았을까. 나는 회사에 다녀본 적이 없어서 확신을 갖고 단언할 수는 없지만, 사람이 모이는 곳에는 반드시 예외라는 것이 있고, 그 점은 은행이든 문단이든 별로 다르지 않다고 본다. 집단이란 바로 그런 것이다. 모두가 똑같이 생각하고 똑같이 느끼지는 않는다. 여자가 사복을 입는 게 별로라고 느끼는 사람도 있을 것이고, 꽤 귀엽다고 느끼는 사람도 있을 것이다. 그런데 '일본 장기신용금고의 남자 직원에게 문화충격이었다'라고 단정적인 결론을 내리는 것은 다소 억지가 아닐까 한다. 그리고 '여자'가 '동료'로 변질되어 보였다는 표현은 더욱 심한 단정이다. 물론 그렇게 느낀 사람도 있을 것이다. 하지만 모든 이들이 하나같이 그렇게 명쾌한 결론에 도달했으리라고는 절대 생각지 않는다. 세계는 그렇게 단순하지 않다.

아마 이 기자는 몇몇 직원에게 "여자 직원의 사복 차림에 대해 어떻게 생각하십니까?"라고 질문했을 것이다. "글쎄, 잘 모르겠는데요. 뭐 괜찮지 않습니까" 하고 대답한 사람도 있을지 모른다. "사복이든 유니폼이든 무슨 상관입니까. 지금 바빠 죽겠는데, 그런 생각 할 겨를이 있어야 말이죠." 그렇게 대답한 사람도 있을지 모른다. 하지만 그런 대답은 기삿거리가 되기 어렵다. 그런데 어느 한 사람이 "이건 명백한 문화충격입니다. 지금까지는 '여자'였는데 이제는 모두 '동료'로 보입니다" 하고 대답했다. 세상에는 유독 결론을 잘 내리는 사람이 있다. 기자는 요건 기삿거리가 되겠다고 생각했다. 그리고 그렇게 기사를 썼더니 앞에서 인용한 문장이 되었다. 마치 일본 장기신용금고 남자 직원 모두의 생각이 그렇다는 양.

이런 단정조의 글은 신문기사뿐만 아니라 '논픽션'에서도 흔히 볼 수 있다. 가령 이 기사의 서두를 논픽션 투로 쓰면 이런 글이 된다.

'가을도 어언 끝을 고하는 때, 거리에 부는 바람에서도 싸늘한 기운을 감지하게 된 어느 아침, 일본 장기신용금고의 남자 직원들은 어떤 광경을 목격하고 가벼운 문화충격을 느꼈다. 대출과에 근무하는 가와이 씨도 그 점은 마찬가지였다. 이게 대체 어떻게 된 일이지, 하고 가와이 씨는 생각했다.'

이런 문장이 틀렸다는 것은 절대 아니다. 하지만 정확하지도 않다. 취재를 바탕으로 썼으니 사실이라면 사실이다. 하지만 진실은 아니다. 필자가 쓰고 싶고 생각하고 싶은 방향으로 사실을 유도하고 있다. 나는 그런 문장을 좋아하지 않는다. 흔히 현실이 소설보다 재미있고 논픽션이 픽션보다 힘을 지닌 시대가 되었다고들 한다. 하지만 그것은 잘못된 생각이다. 그 두 가지는 완전히 별개의 작업이다. 논픽션은 원칙적으로 현실을 픽션화하는 작업이고, 픽션은 허구를 현실화하는 작업이다. 그 두 가지 중 어느 쪽이 파워풀한지 비교하는 건 무의미하다. 그 점을 명확하게 파악하지 않으면 이 신문기사 같은 문장이 대량생산되어 세상에 난무하게 될 것이다.

그건 그렇고, 나는 옛날부터 제복이라는 것을 엄청나게 싫어했다. 고등학교 때 싫든 좋든 입어야 했던 교복은 정말 넌더리가 났다. 정말이지 아무 의미도 없는 일이라고 생각했다. 하지만 내가 가장 놀란 것은 전교생을 대상으로 교복 폐지와 사복 착용에 관한 설문조사를 했을 때, 70퍼센트 정도가 '이대로 교복을 입어도 좋다'고 대답했다는 사실이었다. 나는 좀 황당했다. '그렇군, 일본 사람은 기본적으로 제복을 엄청 좋아하는군' 하고 생각했다. 사복 착용을 반대하는 가장 큰 이유는 '사복을 입게 되면 복장이 화려해지고 경쟁심이 생기니 바람직하지 않다'는 것이었다. 나는 그 이유를 믿을 수 없었다. 이건 지극히 관리자적인 사고방식에 무사안일주의적인 발상이 아닌가. 바로 코앞에 자유가 있는데 왜 손을 뻗어 거머쥐지 않는가? 왜 뒷걸음질하는가? 우선 자유를 거머쥘 것, 그리고 그것을 유지하기 위해 스스로 문제를 해결할 것, 그것이 우리가 사는 세계의 원칙이지 않은가?

물론 사복을 입게 되면 더러는 요란하게 멋을 부리고 다닐지도 모른다. 하지만 그런 학생은 아주 일부일 것이다. 모두가 경쟁하듯 비싼 옷을 사 입는 일은 현실적으로 있을 수 없다. 대개는 매우 평범하고 합리적인 가격의 옷을 입고 학교에 올 것이다. 그리고 만약 부적절한 일이 생긴다면 그때 가서 학생들이 자주적으로 규제를 하든 어떤 대책을 강구하면 될 일 아닌가? 그리고 어느 정도 화려해지고 경쟁심이 생겨나더라도 그것도 상관없지 않은가. 나는 그렇게 생각했다. 무슨 상관인가. 그것이 사회 아닌가? 별문제 아니다. 인생이란 근본적으로 불공평한 것이다. 우리는 언젠가 그 사실을 알아야 하고, 고등학생이란 그것을 알기에 절대 이른 나이가 아니라고 나는 생각했다. 하지만 그런 의견에는 아무도 찬성하지 않았다. 그래서 우리는 졸업할 때까지 시커먼 교복을 입어야 했다. 하기야 학교 울타리를 벗어나면 곧장 옷을 갈아입고 놀았지만.

그뒤로 나는 일본이라는 나라를 진정으로 신뢰하지는 않는다. 지금도 별로 신뢰하지 않는다. 무슨 큰일이 벌어지면 어떻게 될지 알 수 없다는 걸 늘 명심하고 있다. 이 나라 사람 70퍼센트는 진심으로 자유를 원하지는 않는다고. 내가 그렇게 생각하게 된 것도 다 고등학교 시절 학생의 70퍼센트가 교복의 존속에 찬성했기 때문이다.

모름지기 문화충격이란 이런 것이다.

짐 모리슨을 위한 '솔 키친'

1960년대에서 70년대 초반에 걸친 소위 '혁명의 시대'에 배출된 무수한 록 밴드 중, 우리가 지금도 선명하게 떠올릴 수 있는 밴드가 과연 몇이나 될까? 지금 만약 영화 〈우드스톡〉이 다시 상영된다면, 우리는 과연 그중 몇 장면에나 흥분할 수 있을까?

결국 모든 것은 다 지나가고 말았다. 그 시대에 우리 마음을 뒤흔들고 몸을 관통한 것처럼 느껴졌던 것들 대부분이, 십 년 넘게 세월이 지난 지금 되돌아보면 표면만 그럴싸한 단순한 약속에 지나지 않았다는 것을 알 수 있다. 우리는 원했고, 그리고 원한 것들이 우리에게 주어졌다. 하지만 우리가 너무 많은 것을 원한 탓에, 결과적으로 주어진 것들 대개가 유형으로 추락하고 말았다. 이른바 유형화된 문화를 격파해야 할 대항문화(반문화)

의 유형화가 이뤄진 것이다. 급기야 대항-대항문화가 발생했고, 대항-대항-대항문화까지 발생하게 되었다. 그리고 당연하게도 '혁명'은 끝이 났다.

만약 1969년이나 1970년 세계의 어느 대도시(예를 들면 샌프란시스코나 로스앤젤레스, 또는 도쿄)가 폼페이처럼 화산재에 뒤덮이고 말았다면 그 유적은 상당한 볼거리가 되었으리라. 역사적인 장관이었을 것이다. 하지만 그런 폭발은 없었고, 모든 것은 시간의 흐름과 함께 색이 바래고 사라져버렸다. 그리고 대항문화라는 발상 자체도 사라졌다. 지금 유형화를 거부하려는 인간 따위는 어디서도 찾아볼 수 없다. 왜냐하면 그와 같은 시도가 원칙적으로 불가능하다는 사실을 모두들 알아버렸기 때문이다. 이 세속화된 사회에서 유형은 이미 반유형을 포함하고, 반유형은 이미 유형을 포함하고 있다. 그 어느 곳에도 탈출구는 없다. 남겨진 유일한 길은 언제 갑자기 찾아올지 모르는 역전을 인식하고서 반어적인 '유형의 왕'이 되는 것뿐이다.

그렇게 골치 아픈 사회에서 짐 모리슨은 아마 살아남을 수 없었을 것이다. 그래서 그는 솔 키친Soul Kitchen으로 돌아가고 말았다.

짐 모리슨은 스물일곱 살에 죽었다. 그가 죽은 것은 1971년 7월이었다. 그 이른 죽음을 시대의 죽음에 비추어 생각하는 것은 어려운 작업이 아니다. 그 시대에는 모리슨뿐만 아니라 많은 사람이 죽었다. 지미 헨드릭스가 죽었고, 제니스 조플린이 죽었고, 존 콜트레인이 죽었다. 그리고 그들은 죽으면서 각각 크기가 다른 유적들을 남겼다.

죽은 자를 칭송하는 것은 기분 좋은 일이다. 젊은 나이에 죽은 자라면 더욱 그렇다. 죽은 자는 배신하지 않고, 반격도 하지 않는다. 나이도 먹지 않고, 머리도 벗어지지 않으며, 배도 나오지 않는다. 그들은 다만 조용하고도 완전하게 죽어 있을 뿐이다. 가령 그대가 그들의 죽음에 싫증이 나 잊어버린다 한들 별문제 될 것은 없다. 그냥 잊어버리면 그만이다. 그것으로 끝이다. 잊혔다고 해서 그들이 그대의 집을 찾아와 문을 두드리는 일은 없다. 그들은 그저 암흑 속에서 침묵을 지킬 뿐이다. 그렇다, 죽은 자를 칭송하는 것은 너무도 손쉬운 일이다.

그러나 그런 모든 상념을 뛰어넘어, 죽은 자를 칭송하고 그 유적을 순례하는 일의 면구스러움을 뛰어넘어, 짐 모리슨의 음악은 지금까지도 계속 내 마음을 뒤흔들고 있다. 그가 남긴 음반 중 최고의 두세 장은 그 이후에 등장한 어떤 록 뮤직 음반보다 뛰어나고 독자적이며 충격적이다. 나는 그렇게 생각한다. 내게는 그의 첫 LP 〈The Doors〉보다 전율스러운 음반은 없고, 〈Strange Days〉보다 아름답고 단순한 음반도 없으며, 〈L.A.

Woman〉보다 거친 부드러움을 느끼게 하는 음반도 없다.

내가 처음 들은 짐 모리슨과 더 도어스의 음반은 물론 〈Light My Fire〉였다. 1967년의 일이다. 1967년, 나는 열여덟 살이었고, 고등학교를 졸업한 후 대학에도 재수학원에도 가지 않은 채 종일 책상 앞에 앉아 라디오로 로큰롤을 들었다. 다른 해와 마찬가지로 그해에도 수많은 노래가 히트했고, 그러고는 사라졌다. 거품처럼. 하지만 〈Light My Fire〉라는 곡만은 끝까지 사라지지 않았다. 그 거칠거칠하고 폭력적인 보컬과 도입부에 흐르는 오르간의 주술적인 음색이 내 뇌리에 각인되어 언제까지고 지워지지 않았다. 〈심장에 불을 붙여줘〉라는 일본어 제목은 다소 어설프다고 나는 생각한다. 이 노래의 제목은 〈Light My Fire〉지 그 외의 어떤 것도 아니다.

Come on baby light my fire
Come on baby light my fire
Try to set the night on fire

자 베이비 내게 불을 붙여
자 베이비 내게 불을 붙여줘
이 밤을 활활 불태우지 않으려나

나는 이 곡의 가사를 이렇게 이해한다. 품위 있게 '내 심장에 불을 붙여줘'라거나 '온 밤을 불살라'가 아니다. 좀더 즉물적이고 육체적이다. 그는 밤 그 자체에, 또는 육체 그 자체에 불을 붙이려 하는 것이다. 그리고 그렇게 직설적인 감각이야말로 짐 모리슨이라는 록 뮤지션의 생리이다. 이 곡은 주로 기타리스트 로비 크리거가 작곡하고 가사를 붙였지만, 그럼에도 짐 모리슨의 생리는 완전하고도 압도적이며 카리스마 있게 이 팝송을 지배하고 있다. 짐 모리슨이 아닌 가수가 노래한 버전의 〈Light My Fire〉를 들어보면 증거가 될 것이다. 가령 호세 펠리치아노와 스티비 원더. 그들이 노래하는 〈Light My Fire〉는 청결하고 귀엽다. 잘하면 누군가의 가슴에 불을 붙일 수 있을지도 모르겠다. 하지만 짐 모리슨이 아닌 누가 과연 육체에 직접 불을 붙일 수 있을까? 과연 누가 스피커 너머에서 살이 타들어가는 냄새를 풍길 수 있을까? 믹 재거에게도 그건 무리다.

〈Light My Fire〉는 나의 1967년과 너무도 단단하게 엮여 있다. 1967년의 밤을 낡은 커튼이라도 되는 양 찢어발겨 불태울 수 있었다면, 아마 나는 그렇게 했을 것이다. 1967년은 내게 그런 해였다.

짐 모리슨은 본질적으로 선동가였다. 더이상 평범할 수 없으리만큼 평범하고 우직한 군인 가정의 맏아들로 태어난 제임스 (짐) 더글러스 모리슨은, 로커가 됨으로써 상징적으로 아버지를 죽이고 어머니를 강간했으며 자신의 과거를 불태워버렸다. 데뷔 당시 성장 과정에 관한 질문을 받으면 그는 '고아'라고만 대답했다. 그는 스스로를 선동해 짐 모리슨이라는 이름의 신생아에게 신성한 혼을 부여하려 했다. 그 선동 없이 짐 모리슨은 짐 모리슨일 수 없었던 것이다. 하지만 그는 그 때문에 엄청난 대가를 치러야 했다. 선동의 대가는 나날이 불어났다. 마침내는 미처 다 치를 수 없을 정도로.

그리고 그 계절, 우리는 많든 적든 모두 짐 모리슨이었다. 짐 모리슨이 LSD와 코카인으로 자신의 머릿속을 선동하고, 버번위스키와 진으로 자신의 소화기관을 선동하고, 바지 지퍼를 열고 페니스를 꺼내 관중을 선동했을 때, 우리는 그의 아픔을 느낄 수 있었다. 공유할 수 있었다.

그리고 짐 모리슨이 죽었을 때, 우리 안의 짐 모리슨 또한 죽었다. 존 레넌이나 믹 재거, 그리고 밥 딜런도 짐 모리슨이 남긴 공백을 떠맡을 수 없었다. 십이 년이라는 세월과 그 공백을 메우기에는 역부족이었다.

1971년에는 1983년이라는 해가 정말 내 몸에 찾아오리라고는 상상조차 할 수 없었다. 그런데도 1983년이라는 현실은 아무런 감동도 없이 내게 내려왔고, 나는 지금도 짐 모리슨과 더 도어스의 음반을 듣고 있다. 나는 서른네 살이고, 아직도 밤에 불을 붙이지 못하고 있다.

자 이제 문 닫을 시간이다
가야겠지
밤새 여기 있고 싶어
차를 타고 지나가는 녀석들은 힐끗거리지
가로등은 퀭한 빛을 흩뿌리지
그런데다 네 머리
아주 영 가버린 것 같은데
이제 갈 수 있는 곳은
뻔하잖아
그전에 솔 키친에서 하룻밤 재워줘
그 눅눅한 스토브 앞에서 내 몸을 데우게 해줘

〈Soul Kitchen〉

짐 모리슨이 그를 위해 준비된 '솔 키친'으로 사라진 지 십이 년이 흘렀다. 그런데도 그의 노래는 아직도 살이 타들어가는 냄새를 오디오 주위에 풍긴다. 그가 당장이라도 집으로 찾아와 문을 두드릴 것 같다. 어이, 난 전설 따위가 아니라고, 하면서.

그렇다, 짐 모리슨은 절대 전설 따위가 아니다. 전설이라는 왕관으로도 그의 공백을 메울 수는 없었다.

무라카미 하루키의 쿨하고 와일드한 백일몽

제 꿈은 쌍둥이 여자친구를 갖는 것입니다. 쌍둥이 자매 둘 다 제 여자친구인 것—이것이 십 년 동안 품어온 제 꿈입니다.

쌍둥이 여자가 이런 글을 읽으면 어떤 기분이 들지 난 잘 모르겠다. 어쩌면 불쾌해할지도 모른다. 말이 되는 소리야, 하고 버럭 화를 낼지도 모른다. 만약 그렇다면 죄송합니다. 이건 그저 제 꿈일 뿐이에요. 꿈이란 대개 불합리하며 일상의 규제를 넘어선 것이죠. 그러니 '이건 그저 무라카미 하루키의 꿈이야' 하고 너그럽게 이해하고 읽어주십시오.

몇 년 전에 〈하이스쿨Almost Summer〉이란 영화를 보았다. 캘리포니아 고등학생들의 생활을 그린 이 청춘영화를 나는 무척 좋아했는데, 아쉽게도 한 번도 화제가 되지 못한 채 사라지고 말았다. 말이 나온 김에 덧붙이자면 이 영화의 음악은 비치 보이스의 마이크 러브가 담당했고, 놀랍게도 찰스 로이드가 피처링을 했다.

이 영화의 마지막은 졸업 기념 파티(프롬) 장면인데, 이 파티장에 디너 재킷을 멋지게 차려입은 남자 주인공이 양옆에 쌍둥이 여학생을 거느리고 경쾌하게 나타난다. 정말 폼나더군요. 뷰티풀하고, 패셔너블하고, 스트라이킹하고, 트렌디하고, 고저스하고, 그루비했습니다. 나도 딱 한 번이라도 좋으니 그렇게 해보고 싶다.

나는 파티라는 것을 그다지 좋아하지 않아서 초대받아도 가지 않는 게 보통인데, 만약 쌍둥이 자매를 에스코트할 수 있다면 생활 패턴을 적극적으로 바꿀 의향이 있다. 딱히 미인이 아니라도 좋다. 미인이 아니라도 별 상관 없다. 아주 평범한 여자 쌍둥이로 족합니다. 꼬드기고 싶다거나, 같이 자고 싶다거나, 그런 건 아닙니다. 나는 그저 쌍둥이 자매와 파티에 가고 싶을 뿐이다. 왠지 아주 특별한 경험이지 않을까 하는 기분이 들 뿐이다.

쌍둥이의 좋은 점은 한마디로 '논섹슈얼한 동시에 섹슈얼하다는 쿨한 이율배반성'에 있다고 나는 생각한다. 요컨대 남자는(여자 역시 그럴지도 모르겠지만) 여자와 데이트할 때 의식적이든

무의식적이든 '이 여자와 자면 어떻게 될까?' 하는 가설을 품고 있는 존재다. 그러나 쌍둥이와 데이트할 때 만약 '이 쌍둥이와 자면 어떻게 될까?' 하는 가설을 품고 있다 한들, 가설 자체로는 상당히 흥미롭지만, 그 가설은 이미 일상적인 리얼리티에서 벗어나버린다. 그 가설을 좀더 확대하면 '무슨무슨 포르노, 쌍둥이 습격' 같은 영역으로 들어가고 만다. 나는 어떤 상황을 그런 영역으로까지 별로 확대하고 싶지 않다. 적어도 지금 단계에서는 얘기를 그렇게까지 복잡하게 끌고 가고 싶지 않다. 내가 쌍둥이에게 원하는 것은 그런 남자와 여자 일대일의 리얼한 가설을 배제한, 이른바 형이상학적인 영역이다.

즉, 내가 추구하는 것은 제도로서의 쌍둥이고 개념으로서의 쌍둥이다. 그리고 그 쌍둥이적 제도 또는 개념 안에서 나 자신을 검증해보는 것이다. 몹시 번거로운 검증방식이라는 생각은 들지만.

하지만 현실적으로 조목조목 따져보면 쌍둥이와 사귀는 것은 무척 힘든 일이겠다 싶다. 우선 비용이 만만치 않다. 식사비도 보통 때의 두 배가 든다. 선물도 어느 한쪽에만 할 수 없다. 똑같은 것을 두 개 준비해야 한다. 비용뿐만이 아니다. 둘 각자에게 늘 공평하게 처신하기도 쉽지 않을 것 같다. 가령 둘을 차에 태우고 데이트할 때, 한쪽은 조수석에 태우고 다른 한쪽을 뒷좌석에 태울 수는 없지 않나. 공평하려면 둘 다 뒷좌석에 태워야 하는데, 그럼 다소 흥이 깨진다. 그리고 디즈니랜드에 가서 스페이스 마운틴을 탈 때도 그렇다. 여자 둘이 나란히 타고서 "꺄악! 꺄악!" 비명을 지르는데 나 혼자 생뚱맞게 뚝 떨어져 타야 한다. 이 경우도 그리 탐탁지 않다. 그리고 데이트 약속을 잡을 때도 "구리코는 월요일, 수요일 낮과 금요일 밤은 안 돼요. 그리고 일요일에는 승마하러 가야 되고" "우리코는 수요일 밤과 금요일 오후에는 시간 없어요. 토요일에는 위문차 양로원에 가야 되고", 이러면 조정하기가 복잡해서 짜증이 날 것 같다. 하지만 "그럼 수요일에는 구리코를 만나고 일요일에는 우리코를 만나면 되겠군" 할 수도 없다. 그러면 쌍둥이를 사귀는 의미가 없기 때문이다. 내게 그녀들은 언제 어떤 경우에도 분리할 수 없는 상태여야 한다.

그렇게 생각하다보면 쌍둥이 여자친구를 갖는 건 나처럼 귀찮은 것을 싫어하고 요령 없는 사람에게는 불가능하겠다 싶어진다. 문제의 소지가 너무 많다. 생각하기에 따라서는 처첩을 동시에 거느리고 사는 것보다 훨씬 어려울 듯하다. 쌍둥이에게는 입장의 차이란 것이 없어서 완벽한 5 대5가 요구되니 말이다. 어쩌면 딱 선을 그어 파티에 데려가는 정도로만 가볍게 사귀는 게 현명할지도 모르겠다.

하지만, 그럼에도 나는 쌍둥이라는 상황을 좋아한다. 쌍둥이와 함께 있다는 가설 속의 내가 좋다. 나는 그녀들이 지닌 은밀한 분열성을 좋아한다. 그녀들이 지닌 어질어질할 정도의 증식성을 좋아한다. 그녀들은 분열하고 동시에 증식한다. 그리고 내게 그것은 영원한 백일몽이다.

내게 딱 한 명의 여자는, 때로는 너무 많고 때로는 너무 적다. 말은 이렇게 하면서 십오 년 동안이나 결혼생활을 해오고 있지만요.

낙하산

나는 요즘 통 신문을 구독하지 않는다. 절대로 보지 않겠다는 건 아니고, 가끔 기분 내키면 구독해보기도 한다. 신문을 안 본다고 딱히 불편하다는 느낌은 없다.

신문 종류를 가리지도 않는다. 옛날에 집에서 줄곧 아사히와 마이니치를 구독했기 때문에 그 두 신문의 지면에 비교적 익숙한데, 그렇다고 요미우리나 산케이, 도쿄 같은 다른 신문을 싫어하느냐면 그렇지도 않다. 어느 신문이든 다 똑같지 않나 생각한다. 발행부수가 좀 적어도 불필요한 정보를 과감하게 덜어낸 퀄리티 페이퍼 같은 것이 있으면 좋겠다는 생각은 하지만, 이런 신문 역시 없다고 곤란할 일은 없으니 그렇게 생각만 할 뿐이다.

외국에 가면 대개 헤럴드 트리뷴을 사서 읽는다. 그 신문은 얇고 가볍고 정보가 자세해서 좋다. 하지만 헤럴드를 구할 수 없는 곳에 갔다고 해서 심심하냐면 역시 그렇지 않다. 요컨대 신문에 대한 애정이 희박한 것이다. 있으면 읽고, 없으면 읽지 않는다.

그래도 신문을 읽다보면 간혹 재미난 기사를 발견한다. 가령 1986년 1월 신문에는 이런 기사가 실려 있었다.

> (1월) 12일, 나라시노 주둔지 연습장에서 육상 자위대 제1 공정단의 '낙하산 강하 훈련'중 헬리콥터에서 낙하한 대원 4명이 기류에 휘말려, 낙하 예정 장소에서 5~6백 미터 떨어진 야치요 시내의 주택 지붕에 '불시착'. 그중 한 명이 발목뼈가 부러지는 중상을 입었다.

이런 기사를 읽으면 금세 존 밀리어스 감독의 〈젊은 용사들〉(모두 좋지 않다고들 말하는데, 나는 이 영화를 좋아한다)의 첫 장면이 떠오른다. 미국의 어느 시골 고등학교에서 수업을 하고 있는데 낙하산이 줄줄이 교정으로 내려온다. 그래서 학생들이 '아, 훈련중인데 바람을 잘못 탔나보다' 하고 구경하러 나갔더니 낙하산을 타고 내려온 자들은 쿠바 군인, 그리고 다다다다 자동소총을 맞고 죽는다는 얘기다. 나는 이 영화의 이 장면을 무척 교훈적으로 보았다. 낙하산이 떨어질 때는 곧장 밖으로 나가서는 안 된다. 벽장에 들어가 이불을 푹 뒤집어쓰고 꼼짝 않는 것이 제일이다, 라고.

왜 그렇게 생각했느냐, 우리 마누라가 영화에서 교훈 얻기를 좋아하는 사람이기 때문이다. 같이 영화를 보고 밖에 나오면 "이 영화가 내게 준 교훈은……" 하고 설명하기 시작한다. 처음에는 '뭐야, 이 여자 대체' 하고 생각했는데, 부부란 참 끔찍한 것이어서 어느새 그럭저럭 익숙해지고 말았다. 그리고 언제부턴가 나 역시 영화에서 교훈을 얻는 버릇이 절로 생기고 말았다. 영화를 보는 지적인 방법이라고는 할 수 없겠지만 적어도 실질적이기는 하다. 나는 솔직히 요즘 지적으로 영화를 보는 패셔너블한 사람에게는 진력이 난다.

아무튼 내가 〈젊은 용사들〉에서 얻은 교훈은 이렇다. 낙하산이 떨어질 때는 밖에 나가지 마라.

신문기사에 따르면, 골절상을 입은 가도노 육군 1등 대위는 나무에 물을 주고 있는 주부(65) 옆에 툭 떨어진 듯하다. 자세한 설명이 없어 구체적인 정황이 어땠는지는 알 수 없다. 과연 어떻게 떨어졌을까? "부인, 위험합니다, 비키세요!"라고 절규하면서 떨어졌을까? 아니면 입 꾹 다물고 스윽 떨어졌을까? 그런 자세한 부분이 알고 싶다. 하지만 신문에는 핵심 내용이 거의 실려 있지 않다. 만약 스윽 떨어졌다면 좀 으스스했을 것 같다.

또 한 가지 의문은 이 가도노 대위가 훈련중에 지갑을 소지하고 있었을까 하는 것이다. 물론 주둔지 안에 떨어졌다면 한 푼도 필요치 않겠지만 이렇게 바깥쪽 현실세계로 떨어졌는데 무일푼이라면 난감하지 않을까. 택시도 탈 수 없고 전화도 걸 수 없다. 또 주부가 "아니, 이게 무슨 날벼락이야. 부러뜨린 나무 값 변상할 때까지 밖으로 못 나가!" 하고 호통을 칠지도 모른다. 정말이지 아무래도 상관없는 사소한 일이지만.

사실 나는 전에 한 사 년 정도 이 나라시노 주둔지 옆에 살았기 때문에 낙하산 훈련 광경을 자주 보았다. 이 주둔지의 공정사단은 엘리트 부대로, 여차하면 신속하게 현지로 날아가 실전에

임할 수 있도록 훈련받는다. 터프한 부대라 훈련도 자주 한다. 책상을 마주하고 글을 쓰다가 문득 눈길을 들면 창밖으로 무수히 펼쳐진 하얀 낙하산이 보이곤 했다. 그때는 〈젊은 용사들〉을 보기 전이었기 때문에 별로 무섭다는 생각도 없었고 벽장에 숨지도 않았다. 이사 온 지 얼마 되지 않은 무렵에는 물론 움찔했지만, 어느새 익숙해져 아, 또 하는구나, 하는 정도로만 반응했다. 그리고 야전복을 입고 자동소총을 든 부대가 타닥타닥 집 앞을 뛰어간 적도 있었다. 그런 일에 깜짝 놀란 것도 처음 한동안뿐, 그렁저렁 익숙해지고 말았다. 신문에서 그 기사를 읽고서 오랜만에 나라시노 시절을 떠올렸다.

그리고 '그렇군, 익숙해진다는 건 참 무서운 거로군' 하고 새삼스레 생각했다. 언젠가는 중기관총과 박격포로 무장한 부대가 롯폰기 사거리를 건너가도 아무도 놀라지 않을지도 모르겠다.

나 홀로 여행

늘 하는 행사인 이사 때문에—지난 십팔 년 동안 대체 몇 번이나 이사를 했는지—집 안이 어수선해 도저히 소설을 쓸 수 있는 분위기가 아니어서 야쓰가타케*에 있는 호텔에 열흘 정도 처박혀 일하기로 했다. 가끔가다 호텔에 틀어박혀 일하는 건 기분전환이 되기 때문에 그리 싫어하지 않지만, 도시의 호텔은 에어컨을 너무 세게 틀어놓기 때문에 몸에 꼭 탈이 나고 만다. 그래서 야쓰가타케까지 길을 나섰다.

조용하고 공기도 맑고 일 자체는 순조롭게 진행된다. 다만 리조트 호텔에 묵으며 일할 때의 문제점은 아침부터 저녁까지 먹

---

* 나가노 현과 야마나시 현에 걸쳐 있는 산악지대.

는 생각만 하게 된다는 것이다. 슬슬 아침을 먹을 때로군, 점심 때는 식당에 몇시쯤 가면 좋으려나, 오늘 저녁은 뭐가 나올까, 종일 그런 생각을 한다. 내가 생각해도 참 한심하다. 그리고 대개는 살이 쪄서 돌아온다.

야쓰가타케에 가려면 고우미 선을 타야 한다. 고우미 선 전철에는 진짜 여자가 많다. 그런데다 이 지역은 도쿄권과 간사이권이 겹치는 곳이라 도쿄에서 온 여자 군단과 간사이에서 온 여자 군단이 고부치자와 언저리에서 한류와 난류처럼 쿵 부딪친다. 한바탕 난리다. 지옥이다. "어머나, 바보 같아"라느니 "내가 그런 걸 우째 아노"라느니, 아무튼 까악까악 무의미하게 시끄럽다. 고막이 푸르르 떨린다. 다케시타 거리*가 선로를 달리는 느낌이다. 늙수그레한 차장이 다가와 "학생들, 좀 조용히 해요. 다른 승객들도 있습니다"라고 말해봐야 아무도 말을 듣지 않는다. 들을 리가 없죠.

모두 스포츠 가방과 테니스 라켓을 들고 있다. 이렇게 테니스를 많이 치는 나라에서 왜 세계적인 선수가 나오지 않을까 하는 생각이 문득 든다. 그러다 그런 생각을 해봐야 별 소용이 없으니 워크맨 이어폰을 귀에 쑤셔박고 혼자 묵묵히 책을 읽는다. 4인석

* 도쿄 하라주쿠에 있는 젊은이의 거리.

자리에 나와 여자 일행 셋이 앉아 있다. 저쪽도 민폐겠지만, 이쪽 역시 민폐다.

옛날에는 주위에 여자가 많으면 긴장되고 가슴이 두근거려서 도무지 책 같은 걸 읽을 수 없었는데, 최근에는 '젊은 여자들은 시끄럽고 자분대고 영 성가시군' 하는 생각까지 하게 되었다. 아직 그럴 나이는 아닌 것 같은데, 난감한 노릇이다.

일을 끝내고 열흘 후에 같은 전철을 타고 도쿄로 돌아왔다. 돌아오는 전철은 갈 때와 천지 차이로 텅텅 비어 있었다. 연휴가 끝났기 때문이다. 4인석에 혼자 앉아 『고리키 공원』을 읽고 있자니, 잠시 후 건너편 자리에 테니스 걸보다는 나이가 좀 많은, 아마도 이십대 중반쯤으로 보이는 여자가 앉았다. 다른 여자들과는 분위기가 조금 달랐다. 아오야마 스타일 패션에 무릎 위에는 잡지 〈앙앙〉이 놓여 있고, 무료하다는 듯이 바깥 풍경을 멍하게 바라보고 있었다. 아무래도 혼자 여행하는 중인 듯했다.

혼자 여행을 하다가 혼자 여행하는 여자를 만나면 참 난감하다. 그것도 이런 상황에서 동석하게 되는 것이 가장 난감하다. 다른 사람이 없고 단둘이 있게 되는 그런 경우. 물론 난감해하지 않는 사람도 많을 것이다. 하지만 나는 난감하다. 말을 거는 게 좋을지 걸지 않는 게 좋을지 잘 판단이 서지 않기 때문이다. 말을 걸었다가 상대방이 '참 나, 모처럼 혼자 조용히 여행을 즐기고 있는데 귀찮아 죽겠네'라고 생각하는 건 싫다. '어차피 무슨 흑심이 있는 거겠지'라고 보이는 것도 불쾌하다. 그렇다고 '심심한데 말이나 좀 걸어주면 어때서. 참 소심한 남자인가보네'라는 느낌이 들게 하는 것도 원하는 바가 아니다.

어렵군, 어려워. 어쩌면 좋을지 고민하면서 캔맥주를 찔끔찔끔 마시고 『고리키 공원』의 책장을 넘기는 사이 열차는 종착역에 도착하고 말았다. 그것으로 끝. 이런 상황은 정말 몸에 안 좋다. 그야 물론 대수로운 일은 아니지만, 대수로운 일이 아니라서 몸에 더 좋지 않다. 차라리 단체로 여행하는 아주머니들과 동석하는 편이 부담이 적을 것 같다.

홀로 여행하는 여자들은 과연 무슨 생각을 할까? 그녀들은 이런 경우 말을 걸어주길 바랄까, 아니면 조용히 있어주기를 바랄까? 한 젊은 여자와 얘기를 나누다가 불쑥 물어보았다. 그랬더니 이런 대답이 돌아왔다. "하루키 씨도 참 바보네요. 그야 상대에 따라 다르지 않겠어요." 아하, 그렇군요. 그런데 그런 대답을 듣고 나니 더 고민스럽다.

말을 건다고 치자. 무슨 말을 하면 좋을까. 화젯거리가 없지 않은가. "그 〈앙앙〉 재미있나요?"라고 물을 수도 없고.

나는 대학교 1학년 때 혼자 여행을 하다가 스물대여섯 된 여자가 말을 거는 바람에 무척 짜증스러웠던 경험이 있다. "얘, 너 몇 학년이야? 음, 와세다 다니는구나. 애인 있어? 뭐 읽고 있는 거야?" 이러는 바람에 본의 아니게 세 시간 동안이나 응수를 해야 했다.

그 신칸센에는 한 차량에 손님이 두세 명밖에 없었는데도, 그녀가 기다렸다는 듯이 내 옆자리에 앉아 "몇 살이야? 어디 사는데?" 하고 말을 시작해 나는 잔뜩 겁을 먹었다. 지금에야 그런대로 귀여운 여자였으니까 나이차 따위 신경 쓰지 말고 당당하게 넘어가줄 걸 그랬다고 생각하지만, 그 무렵의 나는 순정파였기 때문에 겁먹은 채로 세 시간을 보내고 말았다.

그런 기억이 있는 탓에 혼자 여행하는 여자에게 말 걸기가 쉽지 않다. 나는 딱히 소심한 성격은 아니지만 타인에게 폐를 끼치는 일에는 다소 예민해지는 면이 있다. 흑심에 대해서는, 나도 잘 모르겠다.

그러나 그런 개인적인 딜레마를 차치하면, 혼자 여행하는 여자의 모습은 풍경으로 보았을 때 은근히 느낌이 좋다. 혼자 여행하는 여자는 대개 약간 긴장한 표정이다. 모두 비슷하게 그렇다. 무릎에는 책이 놓여 있고, 때로 창밖을 바라본다. 숨어서 하듯 살금살금 도시락을 먹고, 무언가를 마신다. 그리고 혼자이니 물론 말이 없다. "그래서 말인데" 하고 불쑥 말을 꺼내지는 않는다.

보통 때는 말할 수도 있겠지만, 혼자 여행할 때는 하지 않는다.

그래서 그런 여자와 동석하게 되면 "어디 다녀오는 길이야?" "재미있었어?" 하는 상투적인 질문을 던지는 대신 그냥 가만히 내버려두고 싶은 마음에 끝내 말을 걸지 못한다.

트루먼 커포티의 작품 중 「밤의 나무A Tree of Night」라는 단편이 있다. 기타를 메고 혼자 여행하는 젊은 여자의 이야기다. 그녀는 야간열차에서 색다른 노부부를 만나 기묘한 체험을 하게 되는데, 나는 이 단편을 무척 좋아해서 기차를 타고 가다가 혼자 여행하는 여자를 만나면 늘 떠올리곤 한다.

서비스업 단상

나는 소설을 쓰기 전에 음식점 비슷한 것을 칠팔 년쯤 경영했던 탓에, 지금도 찻집이나 술집, 레스토랑에 가면 자연히 일하는 사람에게로 주의가 쏠린다. 어쩔 수 없죠. 가게를 접은 당시에는 잘 앉아 있다가도 다른 손님이 일어나 나가려 하면 나도 모르게 "감사합니다!" 하고 외칠 것 같아 제정신이 아니었는데, 요즘은 그런 걱정 없이 평화롭게 음식을 즐길 수 있게 되었다. 그래도 여전히 '만약 내가 이 가게의 경영자라면'이란 눈으로 보게 되는 데는 변함이 없다.

내가 가장 싫어하는 곳은 초밥집이다. 정말 난감하다. 얼마 전에도 처음 가는 동네 초밥집에 들어갔더니 아저씨가 초밥을 만들고 있었다.

"어서 옵쇼. 손님, 보너스 타서 지갑이 두둑하시죠?"

대놓고 그렇게 말을 걸기에 이거 잘못 들어왔구나 했는데, 초밥집이란 한번 들어가면 되돌아 나오기가 좀처럼 쉽지 않은 곳이다.

"아, 예, 뭐."

그렇게 적당히 대답했다.

"탔나요, 에이, 탔겠죠."

"못 탔습니다." (거참 시끄럽군.)

"왜? 회사 사정이 안 좋은가?"

"회사에 다니지 않으니까요." (이런 얘긴 하고 싶지 않다고요.)

"그럼, 학생?"

"아닙니다."

"그럼, 무슨 일 하는데?"

"아, 그게, 자유업입니다." (얘기가 자꾸 귀찮은 방향으로 흘러가는군. 싫다, 싫어.)

"자유업이 어떤 건데. 구체적으로 가르쳐줘야지."

"아, 그게 그러니까, 잡지에 글을 쓰거나, 뭐 그런 겁니다." (뭐야, 이 참치 뱃살, 아직 얼어 있잖아.)

"호오, 굉장하군. 어떤 글을 쓰는데?"

"뭐, 여러 가지요."

그렇게 말을 주고받다보면 초밥의 맛 따위는 물 건너가고 만다. 이런 사람일수록 내세우는 것은 많으면서 정작 내놓는 음식은 유독 맛이 없다. 꼭 초밥집 주인이 아니어도 이 세상에는 그런 사람이 꽤 많지만. 초밥집 주인은 되도록 말이 없는 사람이 좋을 것 같다. 그리고 손님이 재료에 관해 물으면 성실하게 대답하는 사람, 이게 가장 우선이다.

그리고 저희끼리 조잘조잘 떠들어대는 종업원도 영 곤란하다. "얘, 너 어제 텔레비전 봤니? 곤도 마사히코가 넘어졌는데 말이지……" 이러면서 수다를 떠느라 내가 신호를 보내도 전혀 와주지 않는다. "사치코, 3번에서 부르잖아" 하고 누군가가 주의를 주면 그제야 겨우 이쪽으로 와서 퉁명스럽게 주문을 받고는 안쪽에다 대고 "튀소 하나"라고 고함을 지른다. 그러고는 또 "그런데 왜 넘어졌느냐 하면……" 하며 이야기를 이어간다. 그렇게 수다 떨 기운이 있으면 "튀김 소바 1인분"이라고 정확하게 말하지 싶지만, 요즘은 이런 종업원이 의외로 많다.

그리고 반대로 지나치게 공손한 대응도 그것대로 난감하다. 패밀리레스토랑의 체인점에 특히 그런 종업원이 많다. 들어가 자리에 앉자마자 허리를 90도로 굽히고 "어서 오십시오. 데니스를 찾아주셔서 감사합니다!"라는 인사를 받을 때마다—미안하지만—식욕이 딱 떨어지는 것 같다. 나는 천성이 비교적 꼼꼼한 사람이라 그럴 때 덩달아 나까지 고개를 숙이게 되어 피곤하다. "아, 아닙니다. 허접한 것을 시켜서"라는 말이 입에서 튀어나올 것 같기도 하다.

나는 설 연휴에 데니스에 간 적이 없어 잘 모르겠지만, 어차피 그렇게 과하게 인사할 거라면 설날에는 역시 "새해 복 많이 받으십시오. 지난 한 해 동안 여러 가지로 고마웠습니다. 올해도 잘 부탁드립니다"라고 하면 좋지 않을까? 여름에는 "찌는 듯한 무더위에……" 그리고 10월에는 "선선한 바람이 불어 가을이 느껴지고, 하늘에는 한 줄기 구름이……" 줄줄이 늘어놓자면 끝이 없겠다.

그리고 이건 예전부터 신경에 거슬렸던 일인데, 이렇게 지나치게 공손한 말투를 쓰는 가게는 계산대에서도 꼭 "○○엔 맡았습니다"라는 표현을 쓴다. 물론 2560엔만 지불하면 되는데 5천엔을 냈다면 그런 표현도 상관없겠지만, 잔돈이 생기지 않도록 딱 맞춰 2560엔을 냈는데 "맡았습니다"라고 하면 당황스럽다. 이치에 맞지 않는다. "맡았으면 돌려주셔야죠." 늘 이렇게 말해보고 싶은 생각이 불끈 들지만, 그렇게까지 집착할 필요는 없으니 잠자코 돌아선다. 아마 '○○엔 받았습니다'보다 '○○엔 맡았습니다'라는 표현이 정중하다고 여기는 것이겠지만, 그런 표면적인 서비스는 별 의미가 없지 않나 싶다. 서비스란 정말 어려운 것이다.

서비스를 하는 쪽 입장에서는 커피 한 잔을 끓여 내는 것도 상당히 어려운 일이다. 커피는 너무 뜨거우면 맛을 느낄 수 없고, 그렇다고 식어버리면 맛이 없어진다. 그래서 적당한 온도일 때 손님에게 가져가는데, 크림을 넣느냐 안 넣느냐에 따라 또 온도가 달라진다. 동행과 얘기하며 천천히 마시는 손님과 혼자서 냉큼 마셔버리는 손님 등의 유형에 따라서도 마실 때의 온도가 달라진다. 물론 개인별로 취향의 차이도 있다. 나는 그런대로 세심하게 신경 쓴 편이라고 생각하는데도 "아니, 이 커피 너무 뜨거워서 맛을 모르겠잖아" 하는 손님도 있었고, "이렇게 다 식은 커피를 어떻게 마시라고. 다시 끓여줘요" 하는 소리도 간간이 들었다. 그런 때는 두말 않고 순순히 사과한 후에 다시 끓이는 것이 프로의 기본이다.

지금 소설가가 되어 소설을 쓰면서도, '사람들이 커피 한 잔에도 그렇게 다양한 반응을 보이는데 소설은 오죽하랴. 참 가지가지로 받아들이겠지' 하는 생각을 기본적으로 갖고 있다.

채소 장아찌 정도의 시니컬함

텔레비전 야구 중계를 보다보면 경기가 끝난 후 투수에게 "오늘 투구는 100점 만점에 몇 점이었습니까?"라고 질문하는 아나운서의 모습이 종종 나오는데, 그런 질문이 대체 어디에 무슨 도움이 될까? 이런 질문을 하는 아나운서는 투수가 "글쎄요. 90점 정도?"라고 대답하면 대개 "아, 그렇습니까, 90점이군요" 하고는 얘기를 끝낸다. 얘기는 거기서 끝나버리고 90점이라는 자기평가가 어떤 지평과 체계 위에 성립된 것인지 분석으로 이어지지 않는다. 이래서야 답안지를 받아들고서 어디를 어떻게 틀렸는지 살펴보지도 않고 "우아, 90점이야 90점" 하며 수선을 피우는 초등학생과 다를 바가 없다.

무릇 100점 만점이란 무엇인가 하는 설정부터 애매한데, "90점입니다"라고 대답한다고 "아하, 그렇군요" 하고 납득하는 것도 이상하다고 나는 생각한다. 그래봐야 스포츠인데 시시콜콜 추궁하는 게 오히려 촌스럽다고 한다면야 할 말이 없지만. 인터뷰 시간도 짧고, 본인이 90점이라고 했으니 그대로 받아들이면 되지 않느냐, 그렇게 생각할 수도 있다. 그러나 프로야구 투수 중에도 자기평가에 엄격한 사람이 있는가 하면 느슨한 사람도 있을 것이다. 개중에는 '이기면 100점! 지면 0점!'이라고 단순하게 생각하는 사람도 있을 수 있다. 그렇게 복잡한 것을 "90점이죠" "아하, 그렇군요"라는 대화로 뭉뚱그리는 데는 상당한 무리가 따를 테고, 아나운서도 무리라는 것을 암암리에 알고 있을 것이다. 그걸 알면서도 허구한 날 "100점 만점에 몇 점입니까"라고 묻는 것은 단순한 원 패턴의 영역을 넘어서는 일이다. 명백하게 무의미하고 소모적이다.

그런데 이렇게 점수로 평가하는 것이 질문자에게는 꽤 편리한 방식인 모양이다.

"남편에 대한 당신의 평가는 100점 만점에 몇 점입니까?"

이런 유의 질문을 항간의 잡지—특히 여성잡지—에서 흔히 볼 수 있다. 대답하는 쪽도 "글쎄요, 대답하기 좀 그렇네…… 65점쯤 되려나"라는 둥, 고심하면서도 성실하게 대답한다.

그런 기사를 읽으면 나는 늘 당황하고 만다. 65점짜리 남편이란 과연 어떤 남편일까. A씨의 남편은 '집안일은 잘 도와주는데 섹스가 약해서 65점'일 수도 있고, B씨의 남편은 '섹스는 짐승처럼 강한데 집안일을 도와주지 않아서 65점'일 수도 있다. C씨의 남편은 '얼굴은 못생겼지만 성격이 좋아서 65점'일 수도 있고, D씨의 남편은 '너무 사랑하니까 왠지 겁이 나서 65점'일 수도 있다.

그렇다면 A, B, C, D씨가 말한 점수는 같은 65점이라도 방향성이나 점수의 질이 전혀 다른 셈이다. 그런데 65라는 숫자로 변환되고 나면 A씨의 남편이나 B씨의 남편, C씨의 남편, D씨의 남편 모두 똑같은 65점이라는 틀에 속하고 만다. 그러니 그런 질문이나 답변에 과연 무슨 의미가 있다는 건가?

이렇듯 앙케트라는 것은 대체로 불쾌하고 무의미한 것이 많다. 나도 한번은 "당신의 행복지수는 10점 만점에 몇 점입니까?"라는 질문을 받고 당황했던 적이 있다. 갑자기 그런 질문을 받으면 뭐라 대답할 수 있겠습니까. "남극대륙이란 존재는 당신에게 10점 만점에 몇 점일까요?" 그렇게 묻는 것과 별반 다르지 않다.

남극대륙은 좋든 싫든 상관없이 존재하는 것이고, 내가 좋아한다고 해서 어떻게 되거나 싫어한다고 해서 어떻게 되는 종류의 것이 아니다. '펭귄이 사니까 8점' 또는 '추운 게 싫으니까 2점'이란 식으로 평가할 수는 있겠지만, 이런 평가는 완전히 무의미하다. 펭귄이나 추위는 개별적인 측면의 속성이지 총체적인 상황

과는 별 관계 없다.

그래서 나는 이런 유의 질문을 받으면 '모르겠다'나 '뭐라 대답할 수 없다' '대답하고 싶지 않다'로 답한다. 물론 지금 이 글처럼 '모르겠다'고 대답하게 된 경위를 세세하게 설명할 수도 있지만, 그러자면 아무래도 얘기가 길어질 테고, 무엇보다 질문자는 그런 설명을 원해서 질문한 것이 아니다. 상대가 원하는 것은 그저 '6점'이니 '8.5점'이니 하는 수치일 뿐이다. 그래서 나는 앙케트를 그다지 좋아하지 않는다.

신문 여론조사의 결과를 보면 '모르겠다'나 '대답하고 싶지 않다'에 체크한 사람의 비율이 대충 50퍼센트 정도인데, 나는 그 사람들의 기분을 충분히 이해한다.

가령 '당신은 미국이란 나라를 신뢰합니까? 다음 보기 중에서 고르세요.'

①신뢰한다

②어느 정도 신뢰한다

③별로 신뢰하지 않는다

④신뢰하지 않는다

⑤모르겠다

이런 앙케트에서는 ⑤밖에 고를 수 없지 않을까요. 미국이든 일본이든 니카라과든, 신뢰할 수 있는 부분도 있고 신뢰할 수 없는 부분도 있을 테니까. 그래서 나는 이런 질문에 '모르겠다'고 대답한 사람을 오히려 신뢰한다.

말은 이렇게 하지만 세상 모든 사람들이 앙케트나 여론조사에 '그런 건 모르겠다'나 '뭐라 말할 수 없다'고만 대답한다면 그 상황도 씁쓸하지 않을까 싶다. 여론조사 그래프에서 '모르겠다'는 대답이 85퍼센트를 차지한다면 지금 이런 주장을 하는 나조차도 섬뜩해질 것 같고, 그렇게 시니컬한 사회에 살고 싶은 생각도 없어질 듯하다. 역시 어려운 문제다. 시니컬함이란 카레라이스에 곁들인 채소 장아찌 정도의 비율로 존재하는 것이 건전하지 않을까.

사랑에 빠지지 않아서

내게도 이런이런 여자가 좋다는 취향이 있다. 기혼에다 중년이고 장점도 별로 없지만, 그래도 취향은 있다. 좀 뻔뻔스러운 듯합니다만.

여기서 내가 말하는 취향이란 여자의 외모나 분위기, 그런 것을 뜻한다. 요컨대 어쩌다 한 여자를 만났을 때 '아, 이 사람 멋진데, 느낌이 좋아, 내 취향이야' 하고 생각하는 것을 말한다. 그런 일이 그리 자주 있는 건 아니지만, 그래도 일 년에 한 번 정도는 있는 것 같다. 그렇다고 내가 그 상대와 불타는 사랑에 빠지느냐면 그건 아니다. 이렇다 할 사건 없이 그대로 헤어진다.

딱히 내가 일부일처제의 도덕률에 따라 나 자신을 억제하고 사랑에 빠지지 않기 위해 의식적으로 유념하기 때문이 아니라,

그냥 아주 자연스럽게 그렇게 된다. 이상하다고 하면 이상한 일이지만 외모가 내 취향인 여자는 거의 100퍼센트 가까이 그 내면—또는 인간적인 부분—이 내 취향이 아니다. 그래서 처음에는 번개라도 맞은 것처럼 가슴이 뛰다가도, 한동안 상대와 얘기하다보면 '아, 그만 됐어' 하듯이 그 번갯불이 피시식 꺼지고 만다. 결국 사랑에 빠지는 일 없이 끝나버린다. 이런 인생은 생각하기에 따라 불행할 수도 있고, 평화로울 수도 있다.

물론 더 젊었을 때는 거기까지 생각이 못 미치고 상대의 외모에만 끌려 이루지 못할 사랑을 한 적도 없지는 않다. 그러나 어느 정도 나이를 먹으면 그런 작업의 무모함을 뼈저리게 깨치는 법, 힘들겠는데→뭐 됐어, 이런 선에서 끝내고 만다. 그보다는 외모와 상관없이 서로의 속내를 잘 아는 여자와 함께 있는 편이 훨씬 즐겁다. 물론 그런 사이는 사랑이라 할 수 없다.

왜 외모가 내 취향인 여자의 대부분이 인간적으로는 내 취향이 아닌지 때로 심각하게 생각해보지만, 수긍할 만한 답을 좀처럼 찾을 수가 없다. 커트 보네거트 식으로 '그런 거지 뭐' 하고 간결하게 수긍하는 길밖에 없다.

이건 사랑과는 무관하지만, '그런 거지 뭐' '그래서 뭐', 이 두 가지는 인생의(특히 중년 이후의 인생의) 양대 키워드이다. 경험으로 말하는데, 이 두 가지만 머리에 잘 새기고 있으면 인생의 시련 대부분을 큰 탈 없이 이겨낼 수 있다.

예를 들어 역에서 숨을 헉헉거리며 플랫폼 계단을 뛰어올라갔는데 간발의 차로 전철 문이 닫히면 엄청나게 화가 난다. 이럴 때 '그런 거지 뭐' 하고 생각하는 것이다. 즉 전철 문이라는 것은 대개 눈앞에서 닫히는 법이라고 인식하고 또 수긍하면 된다. 그렇게 생각하면 그다지 화가 나지 않는다. 세계는 그 원칙에 따라 가야 할 방향으로 흐르고 있을 뿐이다.

그런데 전철을 놓치는 바람에 약속 시간에 늦는 경우도 생긴다. 그럴 때는 "그래서 뭐"라고 자신에게 말한다. 시간 따위 그저 편의를 위한 구분이 아닌가, 약속 시간에 이십 분 정도 늦는다 한들 미국과 소련 간의 핵무기 확장 경쟁이나 신의 죽음에 비하면 아무것도 아니지 않은가. 그렇게 생각한다. 이것이 '그래서 뭐' 정신이다.

단 이런 사고방식에 기초해서 살면 마음은 편할 수 있어도 인간적으로는 성장하지 못한다. 사회적 책임감이나 리더십 같은 것과도 완전히 연이 끊긴다. 혹여 핵전쟁이 발발하거나 신이 죽어버려도 '그런 거지 뭐' '그래서 뭐'라고 생각하게 될 테니—내게도 다소 그런 경향이 있지만—그것도 문제는 문제다. 만사에는 적정선이라는 것이 필요하다.

하던 얘기로 돌아가자. 외모는 딱 내 취향인데 인격은 그렇지 못한 여자는 가만히 보고만 있어도 참 서글퍼진다. 보고만 있어도 서글프니 깊이 엮이면 훨씬 더 서글플 것이다. 그런 여자를 볼 때의 심경은—상당히 비근한 예로—옷가게에서 아주 마음에 드는 옷을 발견했는데 사이즈가 전혀 맞지 않을 때의 심경과 비슷하다. 머리로는 포기해야 한다는 걸 아는데 마음은 깨끗하게 포기하지를 못한다.

나는 칠팔 년 전에 그런 여자와 사오 일을 같이 여행한 적이 있다. 물론 단둘이 여행했던 건 아니고 많은 사람들과 함께였다. 처음 보았을 때는 인상이 참 좋고 아름다운 사람이라고 생각했는데, 몇 번 얘기를 나누다보니 나와 성격이 조금도 맞지 않는다는 것을 알게 되었다. 성격이 맞지 않으니 친해질 리도 없고, 여행이 끝남과 동시에 헤어져 그후로는 단 한 번도 만나지 않았다. 하지만 여행중에는 어쩔 수 없이 얼굴을 마주해야 했기에 그 사오 일 동안 나는 상대를 비교적 주의 깊게 관찰했다. 그리고 그때 절실하게 깨달은 것이—절실하게 깨달을 것까지도 없는 일이지만—내가 내 눈으로 파악한 세계와 객관적으로 실재하는 '세계'는 그 성립과정이 아주 다르다는 것이었다. 즉 내가 아무리 그녀의 외모와 인격이 상반된다고 느낀들, 그 상반된 상태가 한 사람의 인간으로 존재하고 기능하는 이상, 내게는 가타부타 이의를 제기할 권리가 없다. 게다가 그녀의 눈으로 본 세계에서는 내가 상당히 삐뚤어진 모습인지도 모른다.

그런 것이다.

하지만 몇 번이나 거듭 말하건대, 이런 인식 시스템에 따라 행동하면 도저히 사랑을 할 수 없다. 영화 〈청춘 낙서〉에 리처드 드레이퍼스가 길거리에서 우연히 본 선더버드를 탄 '꿈의 여자 the girl of a dream'를 잊지 못해 밤새 그녀 모습을 찾아 헤매는 에피소드가 나오는데, 사랑이란 그렇게 기존의 시스템을 넘어선 행위인 것이다.

모텔과 기자회견

나는 실수도 잘하지만 착각도 잘한다. 예를 들면 나는 바로 얼마 전까지만 해도 일본의 모텔은 차에 탄 채 방 안으로 들어갈 수 있는 숙박시설이라고 굳게 믿고 있었다. 요컨대 말이 마구간에 들어가듯 부릉부릉부릉 차가 방으로 들어가고, 차 문이 열리고 젊은 남녀(꼭 젊지 않아도 상관없지만)가 내리면 바로 앞에 침대가 있는 식으로 말이다. 어쩌다 그런 믿음을 갖게 되었는지는 잘 모르겠지만, 아무튼 오래도록 모텔이란 그런 곳이라 여기며 살아왔다.

그래서 이삼 년 전 어느 영화에서 진짜 모텔을 보았을 때 아연실색하고 말았다. 모텔이라는 것은 이름뿐, 실질적으로는 그냥 러브호텔과—그쪽 정보에 밝은 것도 아니지만—별반 다르지 않았다. 차가 방 안으로 들어가지도 않고, 차에 관련된 무슨 특수한 시스템이 있는 것도 아니다.

친구에게 그 얘기를 했더니 "아니, 왜 차가 방 안에까지 들어가야 하는데?" 하고 거꾸로 질문을 받았다.

"행여 그랬다가는 방 안이 온통 배기가스로 찰 테고, 더구나 8톤 트럭을 타고 모텔에 온 사람은 대체 어떤 방을 달라고 하란 말이야?"

듣고 보니 옳은 말이다. 그 친구 말이 훨씬 사리에 맞다. 하지만 그럼에도 불구하고, 나는 지금도 모텔 하면 껴안고 있는 남녀 옆에서 자동차가 느긋하게 휴식을 취하고 있는 목가적인(그렇지도 않나) 풍경을 떠올리고 만다.

비슷한 예가 또 한 가지 있다. 나는 초등학생 시절 '기자회견'을 '기차회견'으로 알고 있었다.* 그래서 가령 라디오나 텔레비전에서 "덜레스 국무장관이 어제 기자회견에서……" 하는 유의 뉴스가 나올 때마다 덜레스 국무장관과 관계자들이 덜컹덜컹 흔들리는 기차 안에서 얘기를 나누는 광경을 상상하고는 '정치인은 유난히 이동이 잦은 직업인가보네' 하고 감탄했다. 물론 이 경우도 잘 생각해보면 '정치인들은 왜 얘기를 나누는 장소로 항

* 일본어에서 기자와 기차는 '기샤'로 발음이 같다.

상 기차 안을 선택하는가' 하는 의문이 생길 것이다. 하지만 중학생이 되어 신문의 정치면을 읽다가 '기자회견'의 한자를 확인할 때까지, 나는 기자회견이 기차회견이라는 데 털끝만큼의 의심도 품지 않았다.

이는 아마 그 착각이 비주얼한 요소를 품은 것이기 때문이라고 나는 짐작한다. 모텔의 예와 마찬가지로, 나는 해석적인 면이 아니라 정경적인 면에서 착각을 했던 것이다. 그래서 지금도 라디오 뉴스에서 '기자회견'이라는 말을 들으면, 덜레스 국무장관을 태운 밤기차가(내 상상 속에서 기차회견이 열리는 기차는 언제나 밤기차다) 드넓은 미국의 평원을 달려가는 1950년대적 풍경을 순간적으로 떠올리곤 한다. 그 오해가 풀린 지 약 사반세기의 세월이 지났는데도 여전히 그렇다.

그리고 이건 앞의 두 예와 달리 훨씬 중대한 결과를 초래한 착각인데, 나는 오래도록 '상대의 눈을 빤히 쳐다보며 얘기하는 것은 상당한 실례'라고 생각해왔었다. 어디서 어떻게 어떤 경위로 그런 오해가 생겨났는지는 모르겠지만, 아무튼 그렇게 믿고서 언제나 상대의 눈을 쳐다보지 않고 이야기하려 노력했다. 그 오해는 결국 고등학생 때 누군가가 "상대의 눈을 똑바로 쳐다보고 얘기하는 편이 좋다"고 충고해줄 때까지 계속되었다. '상대의 눈을 보지 않으면 켕기는 구석이 있든지 자신감이 없는 것으로 보일뿐더러, 애당초 실례되는 일'이라고.

그러나 그런 충고를 들었다고 해서 가치관을 180도 전환하는 것은 그리 쉬운 일이 아니다. 바로 어제까지 상대의 눈을 보지 않는 것이 예의라고 믿었던 사람이 어떻게 아무런 저항감 없이 상대의 눈을 쳐다볼 수 있겠는가. 이치상으로는 그래도 된다는 걸 알아도, 상대의 눈을 보면 그 마음속까지 빤히 들여다보는 기분이 들어 영 불안하다. 과장해서 하는 말이 아니다. 줄곧 상대의 눈을 보지 않고 생활해온 사람이 갑자기 눈을 보게 되면 상대의 생각까지 속속들이 느껴지는 법이다. 그래서 그만 또 눈을 돌리고 만다.

그런 사연으로 나는 '상대의 눈을 본다'는 행위 때문에 꽤 고생이 많았다. 스물다섯이 넘어서야 굳이 의식하지 않고서 자연스럽게 상대방의 눈을 보고 얘기할 수 있게 되었다. 그러나 지금도 마음속으로는 '사실은 상대방의 눈을 보지 않고 얘기하는 쪽이 예의에 맞는 게 아닐까' 하고 생각하는 것 같기도 하다. 꽤나 집요한 성격인지도 모르겠다.

그런 무수한 착각이 착각이 아니라 정당한 행위나 상황으로 존재하는 세계가 세상 어딘가에 있지 않을까. 그런 생각이 문득 문득 든다. 그곳에는 침대 옆까지 차를 타고 들어갈 수 있는 모텔이 있고, 정치인은 밤기차를 타고 가며 정국을 논하고, 사람들은 상대의 눈을 쳐다보지 않고서 대화를 나눈다. 나는 운전을 하지 않으니 모텔이 어떤 구조든 사실은 상관없지만.

'토끼정' 주인

내 단골 가게를 소개하는 것은 그리 내키지 않는다. 왠지 거들먹거리는 것 같기도 하고, 괜히 잘못 소개했다가 가게가 북적거려도 곤란하다. 그래서 이 '토끼정' 이야기에서도 장소나 전화번호는 쓰지 않기로 한다.

'토끼정'은 우리 집 근처에 있고, 내가 곧잘 점심을 먹으러 가는 곳이다. 열 명 정도 앉으면 꽉 차는 카운터 자리가 전부인 조그만 가게인데, 꽉 차는 일은 거의 없다. 가게의 외관은 평범한 가정집 같고 간판도 걸려 있지 않다. 입구 옆에 '서양식 정식—토끼정'이라는 조그만 팻말이 걸려 있을 뿐이다. 요컨대 아주 조용히 장사를 하고 있는 것이다.

'토끼정'에는 메뉴도 딱 두 가지밖에 없다. 한 가지는 날마다 바뀌는 정식이고, 다른 한 가지는 크로켓 정식이다. 어느 쪽이든 바지라기 된장국과 잘게 썬 양배추 샐러드가 한 사발 가득 따라 나오는데, 이게 엄청나게 맛있다. 그리고 막 쌀겨를 씻어낸 장아찌도 듬뿍 나온다. 갓 볶은 깨를 뿌린 시금치나물이나 스파게티와 버섯무침이 종지에 담겨 나오기도 한다. 살아 있는 양 탱글탱글한 스파게티와 씹는 맛이 쫄깃한 신선한 버섯을 초된장에 무친 이 반찬은, 여느 정식집에서 대충 구색을 맞춰 내놓는 것과는 차원이 다르다.

그리고 밥은 보리밥이다. 이 보리밥이 거칠거칠한 질감의 큼지막한 공기에 담겨 나오면 구수한 보리 냄새가 가게 안에 그윽하게 풍긴다. 나는 이 순간을 끔찍이도 좋아한다. 차 역시 향기로운 호지차(여름에는 냉보리차)다. 젓가락은 색감이 다소 짙은 야무진 삼나무 젓가락에, 젓가락이 담긴 봉투는 회색빛 나는 황록색 전통종이다.

날마다 바뀌는 정식에 대해 하고 싶은 말도 여러모로 많지만, 쓰다보면 끝이 없을 것 같으니 이 글에서는 화제를 크로켓에 한정하겠다. '토끼정'의 크로켓 맛을 글로 표현하기란 지극히 어렵다. 접시에 꽤 큼지막한 크로켓 두 개가 담겨 나오는데, 무수한 빵가루가 바깥쪽을 향해 삐죽삐죽 튀어나갈듯이 박혀 있고, 자글자글 소리를 내며 안쪽으로 배어드는 기름이 눈에 보인다. 이

건 뭐 거의 예술작품이라고 해도 무방하리라.

그것을 삼나무 젓가락으로 꾹 누르듯이 잘라 입에 넣으면 튀김옷이 바삭 소리를 내고, 안에 든 감자와 쇠고기는 호르륵 녹을 것처럼 뜨겁다. 감자와 쇠고기 외에는 아무것도 들어 있지 않다. 나도 모르게 대지에 뺨을 맞추고 싶어질 만큼 향기로운 감자—이건 절대 지나친 표현이 아니다—와 주인이 엄선해서 들여와 커다란 부엌칼로 자잘하게 다진 쇠고기다. 맛은 재료의 질과 신선함을 살리기 위해 아주 담백하고, 맛이 부족하다고 느끼는 사람은 수제 소스를 끼얹어 먹으면 된다. 큼지막한 사발에 담긴 소스를 숟가락으로 떠서 끼얹는데, 이 소스의 맛이 또 기가 막히다. 안에 잘게 썬 에샬로트가 들어 있어 뭐라 형용할 수 없는 불가사의한 맛인데, 뒷맛이 전혀 남지 않고 먹어도 먹어도 질리지 않는다. 나는 늘 크로켓 두 개 중 하나는 그냥 먹고 나머지 하나는 소스를 끼얹어 먹는다. 소스를 끼얹어 먹기에도 아깝고 끼얹지 않고 먹기에도 아까운 것이 참 미묘하다.

식사가 끝나면 새로 따른 호지차가 나온다.

'토끼정'의 주인은 수수께끼로 가득하다. 나이는 사십대 중반 정도에 다부진 체격, 그리 무뚝뚝하진 않지만 말이 없고, 고집스럽지만 억지 강요는 하지 않는 바람직한 성격이다. 목덜미에 칼에 찔린 듯한 길이 5센티미터 정도의 흉터가 있는데, 자신에 대한 이야기는 거의 하지 않는다. 나야 음식만 맛있으면 주인이 어떻게 살아왔든 아무려나 상관없다.

'토끼정' 주인에게는 늘씬한 미인 부인과 중학생 정도의 딸이 있다. 나는 우리 동네에서 두 번쯤 그들의 모습을 보았다. 굳이 말을 걸지는 않았지만, 딸은 비싸 보이는 바이올린 케이스를 옆구리에 끼고 있었다. '토끼정' 주인과 '토끼정' 부인과 '토끼정' 딸 셋 모두 무척이나 행복해 보였다.

그런데 '토끼정'에서는 언제나 주인 혼자서 일한다. 그 혼자 식자재를 반입하고 요리를 하고 차를 끓인다. 그가 일하는 모습은 참 보기 좋다. 척척 매끄럽고 언제든 허둥대는 느낌이 없다.

어떤 이에게서 들은 얘기인데, '토끼정' 주인은 원래 야쿠자였다고 한다. 서른일곱인가 여덟쯤에 생각한 바가 있어 깨끗이 손을 씻고 식당을 시작했다는 것이다. 그래서 옛날 동료들과 얽히지 않도록 일부러 한적한 주택가를 골라 가게를 내고는, 간판도 걸지 않고 광고도 하지 않고 잡지 취재에도 응하지 않고, 입소문을 듣고 찾아오는 손님만을 상대로 조용히 장사를 하고 있는 것이다.

물론 본인에게 확인한 것은 아니니 진위 여부는 알 수 없지만 일단 앞뒤는 맞는다. 하지만 몇 번이나 거듭 말하는데, 나는 맛있는 점심을 먹을 수 있다면 그걸로 족하지 그가 과거에 야쿠자였든 뭐였든 전혀 상관없다. 이렇게 맛있는 크로켓 정식을 천 엔에 먹을 수 있는 가게는 도쿄 어디를 찾아봐도 절대 없을 것이다.

한번은 오후 한시 반에 갔더니 이미 식재료가 다 떨어진 적이 있었다. 어쩔 수 없어 "알겠습니다" 하고 돌아 나오려는데, 주인이 불러 세워 "남은 반찬이 좀 있는데, 드시고 가렵니까?" 하고 물었다. 그리고 자기가 먹으려고 만든 어묵탕과 고사리나물과 보리밥과 된장국과 장아찌로 식사를 차려주었는데, 이게 또 다른 가게에서는 쉬 먹을 수 없을 만큼 맛있었다. 냄비에 재료를 듬뿍 넣어 국물을 내고, 어묵에 맛이 살짝 밸 정도로 부글부글 끓인다. 맛이라기보다 국물의 향이 배었다 싶을 정도의 개운하고 품위 있는 맛이었다.

"맛있는데요." 내가 말하자, 주인은 "남은 걸 드려서 죄송하죠"라고 짤막하게 대꾸했다.

이렁저렁해서 나는 '토끼정'과 수수께끼의 '토끼정' 주인이 무척 마음에 든다.

LEFT ALONE

—빌리 홀리데이에게 바침

지금은 밤 한시 반입니다.

당연한 얘기지만, 밖은 어둡다. 그것도 도시의 밤의 어중간한 어둠이 아니라 창문 밖으로 손을 내밀면 손가락이 까맣게 물들 것처럼 완벽한 어둠이다. 우리 집 바로 뒤쪽은 산이라 밤의 어둠이 정말 깊고 고요하다. 달이나 별이 뜬 밤에는 희붐하게 윤곽을 드러내는 주위의 나무들도, 오늘밤은 완전히 어둠에 묻혀 있다.

고양이 두 마리도 잠에 폭 빠졌다. 곤히 잠든 고양이의 모습을 보노라면 나는 늘 마음이 푸근해진다. 적어도 고양이가 안심하고 잠들어 있는 동안에는 별달리 나쁜 일이 일어나지 않으리란 믿음이 들기 때문이다. 집사람이 집을 비운 탓에 지금 이 집에 있는 인간은 나 혼자뿐이다. 그리고 나는 책상 앞에 앉아 이 원고를 쓰고 있다.

늦은 밤 한시 반에 눈을 초롱초롱 뜨고 원고를 쓰다니, 정말 오랜만의 일이다. 적어도 지난 일 년 동안은 이런 적이 없었다.

일찍 자고 일찍 일어나는 내가 어떻게 이런 시간에 깨어 있는가, 실은 너무 일찍 잔 탓에 열두시 반(그러니까 한 시간 전)에 눈이 반짝 떠지고 말았다. 아무리 그래도 그렇지 저녁 일곱시 사십분에 잠자리에 든 건 너무 일렀다.

이거야 뭐, 꼭 시차 적응을 못 한 기분이다.

하지만 간혹 이런 일이 생기는 것도 나쁘지는 않군, 하고 생각한다. 이렇게 한밤중에—고양이도 고요히 잠든 깊은 밤에—나 홀로 책상과 마주하고 있는 것도 나름 분위기가 있다.

부엌에 가 보졸레를 따서 잔과 함께 책상에 놓는다. 그리고 몇 년이나 듣지 않은 빌리 홀리데이의 레코드를 턴테이블에 올려놓고 바늘을 톡 떨어뜨린다. 그러고 보니 내가 요즘 빌리 홀리데이를 거의 듣지 않는 건 밤을 새우는 일이 없어진 탓일까? 아닌 게 아니라 오후 두시 반에 케이크를 먹으면서 빌리 홀리데이의 노래를 듣고 싶은 마음은 들지 않으니.

레코드는 낡아서 치직치직 스크래치가 나 있다. 아니, 차라리 스크래치투성이라고 하는 편이 실상에 가깝다. 내가 이 음반을 산 게 대학 시절이었으니 한 십칠팔 년 전쯤일까. 내가 처음 산 빌리 홀리데이의 음반이다. 지금도 발매가 되는지 모르겠지만 이 음반은 버브(폴리도르)사에서 〈빌리 홀리데이의 혼〉이라는 제목으로 발매된 편집 앨범으로, A면에는 1946년 JATP 무대에서의 라이브, B면에는 스튜디오에서 녹음한 앤솔러지(야마토 아키라 씨 선곡)가 실려 있다.

지금 나는 A면을 듣고 있는데, 우선 〈Body and Soul〉과 〈Strange Fruit〉 등 압도적인 중량급의 노래 두 곡으로 시작해, 〈Trav'ling Light〉 〈He's Funny That Way〉에서 다소 가벼워졌다가, 그다음 〈The Man I Love〉와 〈Gee Baby Ain't I Good to You〉에서는 느릿하고 우아하게, 〈All of Me〉에서 흔들흔들 리듬을 타고, 그 유명한 〈Billies Blues〉로 화끈하게 마무리 짓는 수긍할 만한 배열이다. 개인적으로는 〈Body and Soul〉로 시작되는 구성이 조금 불만스럽지만(첫 곡으로 듣기에는 너무 압도적이다), 이 음반의 연주를 집중해서 듣다보면 빌리 홀리데이라는 사람이 얼마나 엄청난 뮤지션이었는지 절감하게 된다.

한때 빌리 홀리데이가 지나치게 신격화된 시기가 있었는데, 그때 나는 짜증스러워져서 멀리하기도 했다. 그러나 그런 주변적인 요소를 모두 떨쳐내고 허심탄회하게 노래 자체에만 귀 기울여 들으면, 역시 처음부터 끝까지 듣는 이의 귀를 사로잡기에 충분한 대단한 가수라는 게 느껴진다. 옛날에도 대단하다고 생각했지만, 나이가 든 지금 새삼 다시 들어보니 어디가 얼마나 좋은지 확실히 알게 되었다.

그녀의 노래에는 몸의 중추에서 자연스럽게 흘러나오는 원액 같은 것—우리의 존재이유와 깊이 관련되어 있을 어떤 것—이 담겨 있고, 그것이 듣는 이들을 압도하고, 휘감고, 취하게 하고, 그리고 녹아웃시킨다.

나는 음악에 필요 이상의 의미를 부여하는 걸 그다지 좋아하지 않지만, 그럼에도 빌리 홀리데이의 노래를 들으면 내가 나도 모르는 배경에 스며든 듯한 느낌이 들어서, 이따금 이 느낌은 뭘까 하는 생각에 잠기곤 한다. 하지만 결국, 노래는 그냥 노래다. 생각에 잠긴다고 뭔가를 알게 되는 것은 아니다.

그러나 만약 빌리 홀리데이와 다른 무수한 재즈 싱어의 노래를 결정적으로 구분하는 무언가가 있다면, 그것은 아마도 시간적인 중층성일 것이다. 요컨대 그녀의 노래에 담긴 어떤 유의 요소는, 듣는 이가 아무리 이해하려고 노력한들 노력만으로는 이해할 수 없다. 그것은 서랍 깊숙한 곳에서 발견되기를 기다리는 뜯지 않은 편지 같은 것이고, 그럴 만한 때가 되어야 비로소 눈에 띄고 이해되는 것이다. 해독할 수 있는 때가 되면, 그냥 내버려두어도 저절로 해독이 된다.

그런 음악이 있다는 것은 정말 멋진 일이다. 젊었을 때는 숨을 죽이고 수없이 들어봐도 명확하게 파악할 수 없었던 부분이, 지금은 이렇게 와인잔을 기울이며 느긋하게 들어도 엉킨 실타래가 풀리듯 시원하게 세세한 부분까지 들여다보이니 말이다. 그렇다면 나이를 먹는 것도 그리 나쁜 일은 아니지 않을까.

이 버브 판 빌리 홀리데이도 좋지만, 내가 생각하는 그녀의 베스트는 미국 컬럼비아 사에서 나온 〈The Golden Years VOL.1〉이라는 세 장짜리 음반이다. 이 세 장의 LP는 정말 자주 들었다. 그렇게 많이 들은 재즈 보컬의 레코드는 아마 달리 없을 것 같다. 버브나 코머도어나 데카에서 나온 빌리 홀리데이도 각각 멋지지만, 최상급 스윙 밴드의 반주에 맞춰 신나게 노래했던 1930년대, 40년대의 이 컬럼비아 판 속 빌리는 기적적이라 해도 좋을 만큼 싱그럽고, 또한 완벽하다. 위태롭고, 확고하고, 춤이라도 추고 싶을 만큼 행복하고, 그리고 가슴이 아리도록 슬프다. 어이없을 정도로 무방비한데, 그러나 손대기는 어렵다.

특히 레스터 영이 참가한 트랙—〈When You're Smiling〉〈I Can't Get Started〉—은 주옥같이 아름답다. 만약 앞으로 빌리 홀리데이를 들어보려 하는 젊은이가 있다면 역시 이 시절의 음반부터 시작하라고 권하고 싶다. 유명한 〈Strange Fruit〉 언저리의 빌리 홀리데이는—좀 이상한 표현일지도 모르겠지만—처음 듣기에는 다소 위태로움이 두드러지지 않나 생각한다. 그에 비해 버브 판은 한밤중에 혼자 듣기에는 다소 슬픔이 두드러진다.

간혹 밤에 재즈를 들려주는 바에 가면 빌리 홀리데이의 버브 시절 노래가 흐르곤 한다. 그녀의 그런 노래—예를 들면 〈All or Nothing at All〉—를 들으면서 위스키를 마시면, 왠지 나 혼자만 중력이 다른 바닷속 같은 데를 걷고 있는 듯한 기분이 든다. 아주 깊은 장소라서 위로 올라갈 수도 없고, 걸음을 제대로 옮길 수도 없다. 그러니 위스키 잔을 기울이는 수밖에 없다.

찰스턴의 유령

찰스턴 거리에서 유령이 나오지 않는 구옥舊屋을 찾기란 몹시 어려운 일이다—믿을 만한 책에 그렇게 쓰여 있다. 뭐 수사적인 과장이야 좀 있겠지만, 해질 무렵 코블스톤이 깔린 찰스턴의 고즈넉한 거리를 걷다보면 화려하게 세공된 검은 철문 너머에, 또는 부옇고 희미한 불빛에 드러난 차고 한구석에 무슨 이상한 그림자가 비친 듯한 기분이 들 때가 있다. 밤의 정원은 적막하고, 아름드리 떡갈나무 가지에 털실처럼 축축 늘어진 착생식물은 강바람에 흔들리고, 백일홍 꽃이 저녁 어둠에 어스름하게 떠 있다. 찰스턴은 그런 곳이다. 모든 것이 고풍스럽고, 조용하고, 그리고 우아하다. 유령도 이왕 나오는 거 뉴욕 시티보다는 이곳에 나오는 편이 훨씬 기분 좋지 않을까 짐작한다.

찰스턴은 사우스캐롤라이나 주에 있는, 오래되고 좋은 남부의 옛 모습을 다소 과격하다 싶을 정도로 완고하게 간직한 항구도시다. 애슐리 강과 쿠퍼 강이 합류해서 바다로 흘러드는 하구에 마치 맨해튼 섬과 비슷한 모양새로 위치한 천혜의 항구로, 식민지 시대에는 '작은 런던'이라 불리며 번영을 누렸고, 그 군사적 중요성 때문에 남북전쟁의 발화점이 되기도 했다. 〈바람과 함께 사라지다〉의 팬은 버틀러 선장이 북군의 해안 봉쇄를 뚫어 용맹을 날렸던 도시라고 하면 금방 알아들을지도 모르겠다.

나는 딱히 레트 버틀러 씨의 열렬한 팬은 아니지만, 앨라배마 주 모빌의 호텔에서 미국 지도를 바라보다가 이 찰스턴이라는 곳에 가보고 싶은 마음이 불끈 솟아, 비행기를 타고 곧 대서양으로 날아갔다. 왜 하필 찰스턴이냐, 그렇게 물어봐야 나도 잘 모른다. 나의 여행은 대체로 늘 그런 식이다. 지도를 빤히 들여다보다가 마음에 든다 싶은 곳이 있으면 "으음, 여기다!" 하고 결심하고 그곳으로 향한다. 그래서 내 마음에 딱 드는 곳이 있는가 하면 영 아닌 곳도 있다.

하지만 찰스턴은 내 마음에 딱 드는 도시였다. 애슐리 강의 다리 위에서 멀리 도시가 보였을 때, 한눈에 알아차렸다. 물가에 무성하게 자란 초록빛 풀은 마치 보이지 않는 거대한 손이 쓰다듬기라도 하는 것처럼 부드럽게 몸을 흔들고, 빽빽하게 들어선 요트의 돛대가 달그락달그락 소리를 내고, 그 위로 갈매기와 황새(!)가 여유롭게 날고 있다. 거리의 모습에서 해묵은 기품이 전해지고, 고층건물은 단 하나도 없다. 거리를 걷고 있으면 지나가는 사람들이 종종 "How are you doin' today?"라고 말을 건다. 찰스턴은—I'm just fine, thank you—그런 도시다. 만약 당신이 유령이라면 사우스브롱크스보다는 역시 이런 동네에 나오고 싶겠죠?

내가 묵은 숙소에도 유령이 나온다. 나는 그 사실을 나중에 『찰스턴의 유령』이라는 책을 보고서야 알았다. 이 책에 따르면 '유령은 밤이 되면 복도를 걸어 위층에 있는 남쪽 침실로 들어가, 거기서 사라진다'고 한다. 유령의 정체는 분명하지 않지만 일반적으로는 마담 탈반데로 알려져 있다. 마담 탈반데는 18세기 후반 그 건물에서 여자 기숙학교를 운영했다고 하는데, 왜 그녀가 이백 년이나 지난 지금까지 굳이 밤중에 복도를 걸어야 하는지는 아쉽게도 밝혀진 바가 없다.

하기야 나는 다행인지 불행인지 유령이 나온다는 본관에는 묵지 못했다. 방이 네 개밖에 없는데 이미 예약이 다 찼기 때문이었다. 하지만 여관 주인인 젊은 월터 버튼 씨가(소개가 늦었다. 이 여관의 이름은 'Sword Gate Inn'이다) 나를 별채에 묵게 해주었다. 별채는 이웃집 정원을 지난 곳에 있는데, 전용 수영장이

딸린 호화로운 건물이다.

"이 이웃집은 편하게 지나다니셔도 됩니다." 월터 씨는 나를 안내해주면서 그렇게 말했다. "여기 사는 사람이 웨스트모어랜드라는 퇴역 장군인데, 내 친구거든요."

"아니, 잠깐만요. 웨스트모어랜드라면, 베트남에서 총사령관을 지냈던 그 웨스트모어랜드를 말하는 겁니까?"

"그래요." 월터 씨는 별일 아니라는 듯이 대답한다.

그런 얘기를 듣고 보니 과연 장군의 집 정원 여기저기에는 동남아시아에서 가져왔음직한 장식물이 보였다. 생각하기에 따라서는 마담 탈반데의 유령보다 인도차이나 땅에 쓰러진 몇십만, 몇백만 사람들의 피가 훨씬 리얼리티가 있겠지만, 이 우아한 찰스턴에서 그런 주장을 하는 건 촌스러운 짓이다. 게다가 월터 씨는 아주 친절한 사람이다. 이번 주말에 친구들과 대형 요트를 타고 가까운 섬에 가서 수영도 하고 바비큐 파티도 할 텐데 같이 가지 않겠느냐고 한다. 일정 때문에 아쉽게도 그들과 동행하지 못했지만, 딱히 섬까지 가지 않고 이 도시에서 느긋하게 시간을 보내는 것만으로도 마음이 여유로워진다. 아마 이곳 사람들은—이 기품 있고 조용하고 아담한 도시에 사는 사람들은—인도차이나가 어떤 곳인지 거의 아무것도 모를 것이다. 요컨대 그게 다다. 나는 그렇게 생각한다. 밤 열시 반, 달빛 아래 웨스트모어랜드 장군의 집 정원 앞에서 수영을 하며.

찰스턴은 또 맛있는 요리를 맛볼 수 있는 곳이다. 레스토랑이 유난히 많고, 맛의 수준도 미국 기준에서 보면 상당히 높아 실망하는 경우가 별로 없다.

나는 퀸 스트리트에 있는 '푸건스 포치Poogan's Porch'라는 남부식 시푸드 레스토랑이 마음에 들어 이곳에서 몇 번이나 저녁을 먹었다. 화씨 100도라는 말도 안 되는 더위에도 이 레스토랑 실내는 냉방을 하지 않는다. 천장에 달린 선풍기가 빙글빙글 공기를 휘젓고, 그 아래서 우리는 딥 프라이드 캣피시(메기)를 먹는다. 메기는 상당히 맛있는 생선이다. 보리멸과 맛이 비슷한데, 그보다는 약간 진한 느낌이다. 수게로 만든 찰스턴 시크랩 수프와 피넛 버터 파이는 이 레스토랑의 명물인 만큼 과연 각별한 맛이다. 이 세 가지 메뉴 외에 양송이버섯 소테와 새우 크레올과 샐러드와 커피까지 모두 합해 약 20달러니까, 꽤 싼 편이죠.

이 레스토랑에서 '사반나식 돌핀'이라는 요리도 먹었다. 가다랑어와 게르치를 더해 품위 있게 맛을 낸 요리로 살짝 꼬들꼬들하고 꽤 맛있었는데, 아마도 진짜 돌고래가 아니라 같은 'dolphin'이라는 이름으로 불리는 만새기였을 것이다. 아무리 요리가 좋다고 해도 미국 사람들이 돌고래를 먹을 리는 없을 테니까요.

'푸건스 포치'의 과하게 넉넉하다 싶은 정식으로 배를 가득 채운 나는 애슐리 강을 향해 처치 스트리트를 걷는다. 유난히 선명한 달이 부드러운 여름 밤하늘에 은세공품처럼 박혀 있다. 나는 강가에 앉아 바람을 맞으며 와인의 취기를 씻어낸다.

사우스캐롤라니아 주 찰스턴—나는 지금 여기에 있다. 특별히 이렇다 할 이유도 없이, 백일홍 꽃 옆에. 마치 예약 접수를 마친 말없는 유령처럼.

무인도의 사전

무인도에 딱 한 권의 책만 가져가야 한다면 어떤 책을 가져갈 것인가? 이런 설문을 자주 본다. 왜 굳이 무인도에 가야 하는지 그 사정이나 경위가 분명치 않으니(추방당해서 가는 건가, 아니면 자발적으로 가는 건가? 과연 누가 자발적으로 무인도에 갈까 싶지만) 그리 좋은 질문은 아닌 것 같지만, 시시콜콜 따져봐야 소용없다. 아무튼 무인도에 어떤 책을 가져갈 것인가?

나는 아마 내 소설을 가져갈 테죠. 그러고는 매일 읽으면서 "아, 여기는 틀렸어"라느니 "여긴 이렇게 바꿔야겠어" 하며 볼펜으로 조곤조곤 메모를 써넣는다. 그러다보면 시간이 상당히 잘 갈 것 같다. 하기야 계속 그러다가는 한 달 만에 전혀 다른 소설로 재탄생하겠는데…… 그렇게 생각하다보면, 가져갈 게 뭐

있어, 그냥 소설이나 줄기차게 쓰면 되지, 하는 단계에까지 이르고 만다. 소설가는 이런 점이 편리하다. 꼬리에 꼬리를 무는 이야기를 대충 적당히 쓰다가 따분해지면 '아키히코는 메구미의 하얀 배를 손가락으로 살며시 어루만졌다' 하는 식의 문장을 원숭이에게 읽어주고 말이죠.

그러나 나를 무인도로 추방하려는 인간이 내가 볼펜과 종이를 가져가는 걸 허락할 만큼 친절하리라고는 생각하기 어렵다.

"아, 여봐요 당신, 그럼 안 되죠. 그런 걸 가져가면 어쩝니까. 산속 호텔에 처박히는 게 아니라 무인도로 가는 겁니다, 무인도. 그 차이는 확실히 알아주셔야죠."

그렇게 말하며 볼펜과 종이를 압수할 것 같다.

만약 그러면 외국어사전 한 권을 선택하겠다. 프랑스어든 영어든 중국어든 그리스어든 어떤 외국어라도 상관없다. 두툼하고 야무진 사전 하나를 골라 가져간다. 그리고 몇 달이고 몇 년이고 노력해 그 외국어를 완전히 정복하기로 작정한다. 그리고 따분해지면 '아키히코는 메구미의 하얀 배를 손가락으로 살며시 어루만졌다'란 문장을 프랑스어로 옮겨 원숭이에게 읽어주고 말이죠.

아무튼 무인도 운운을 차치하고도 나는 사전이란 책을 꽤 좋아해서, 시간은 있는데 읽을거리가 없으면 벌렁 드러누워 영일사전을 읽을 때가 많다. 사전이란 그래봬도 상당히 재미나고 인정미가 있다. 공부나 일 때문에 펼쳐볼 때는 '난 사전일세' 하는 듯한 딱딱함 때문에 도무지 친해지기 어렵지만, 책상에서 한 걸음 물러나 복도에서 고양이와 뒹굴며 느긋하게 페이지를 넘길 때는 그쪽도 편안하게 '음, 여기서만 하는 얘긴데……' 하면서 측면을 보여주기 시작한다. 가령 예문 하나도 꽤 함축적이라 감탄할 때가 많다. 내 인생관(몹시 궁상맞지만요)의 상당 부분은 영일사전의 예문으로 성립되지 않았을까 싶을 정도다.

『리더스 영일사전』의 'little' 해석란에 등장하는 'Little things please little minds'라는 예문에도 '그래 맞아, 옳은 말이야' 하고서 혼자 열 번쯤은 고개를 끄덕거렸다. 번역하자면 '작은 사람은 작은 일에 흥분한다'인데, 좀더 알기 쉽게 풀자면 '별 볼일 없는 인간은 별 볼일 없는 일로 기뻐한다'쯤이 될 것이다.

내 의견을 덧붙이자면, 별 볼일 없는 인간은 별 볼일 없는 일로 기뻐하는 동시에 별 볼일 없는 일로 화를 내기도 한다. 그래서 나는 원칙적으로 묘한 일에 기뻐하고 감격하는 사람을 그리 신용하지 않는다. 가령 '아무래도 그건 좀 아니잖아, 잘못 짚은 거 같은데' 싶을 정도로 누군가가 나를 열심히 칭찬해준다고 치자. 세상에서 가장 위험한 사람은 바로 이런 타입이다. 칭찬하는 거니 뭐 어떠랴 하다보면, 또 반드시 영문을 알 수 없는 일로 화를 내기 시작한다. 나로서는 완전한 소모다. 그 사람이 'little mind'든 아니든 'little things'에 기뻐하는 사람은 굳이 상대하지 않는다—이게 인생의 철칙이다. 이렇게 말하고서 내가 'little things'에 기뻐하면 우스운 꼴이겠지만.

그리고—이건 어느 소설에도 썼던 것 같은데—'모든 면도기에는 철학이 있다'는 것도 내가 좋아하는 격언적 예문 중 하나다. 고등학교 시절에 읽고 "으음" 하고 감탄한 이후로 줄곧 내 머리에 깊이 새겨져 있는데, 아쉽게도 정확한 영문은 잊어버렸다. 요컨대 '아무리 사소한 일이라도 매일 계속하면 절로 철학이 생겨난다'는 말입니다. 이렇게 풀어 말하면 '흥, 별걸 다 가지고' 싶겠지만, '모든 면도기에는 철학이 있다'고 하면 왠지 설득력 있게 들린다. 결국 '면도'라는 일상적 행위와 '철학'을 연관시킨 것이 핵심이다. 나는 매일 아침 수염을 깎다가 그만 그 문장에 내포된 철학의 질을 고찰하곤 한다. 나는 항상 귀밑털을 먼저 깎고, 그다음으로 턱, 마지막에 콧수염 순으로 깎는데, 어쩌면 그런 순서에서도 철학의 싹을 발견할 수 있을지 모르겠다. 그런 관점에서 생각하면 콤데가르송의 옷에서 철학을 발견하는 사상가가 있다 해도(네, 있었죠) 전혀 이상할 게 없고, 오히려 당연한 일인지도 모르겠다.

그건 그렇고 내가 아는 남자 중 "매일 수염 깎기 귀찮아서 미치겠다. 여자로 태어났으면 좋았을 텐데. 수염을 깎느니 차라리 생리를 하는 편이 낫겠다"는 이가 있었는데, 그 말을 어떤 여자에게 전했더니 그녀는 또 생리통이 무척 심한 사람이라, "난 생리가 없어진다면 매일 수염을 깎아도 좋다"고 한다. 하지만 그렇게 의견의 일치를 본들 뭐가 어떻게 바뀌는 것도 아니니 참 난감하다. 사람이란 각자의 짐을 짊어지고 살아갈 수밖에 없다. 모든 생리에는 철학이 있다. 어떤 철학인지는 도무지 상상이 안 되지만요.

'Candle'을 찾아보니(방금 대충 페이지를 펼쳤더니 나온 것), 'You can not burn the candle at both ends'라는 예문이 나온

다. 이 문장은 '초의 양끝에 불을 붙일 수는 없다', 즉 상반된 행위를 동시에 행할 수 없다는 뜻인데, 두려움을 모르는 격언 파괴자 하포 막스*는 어느 영화에서 초의 양끝에 실제로 불을 붙이는 대담한 행동을 선보였다. 형 그로초가 하포의 이 엉뚱한 행동을 비판하며 "이런 바보 천치, You can not burn the candle at both ends"라고 말하자, 하포는 예의 슈퍼 망토에서 양끝에 심지가 달린 초를 꺼내 불을 붙인다. 이런 개그는 번역 자막으로는 잘 설명되지 않으니, 이 격언을 모르면 재미고 뭐고 있을 리가 없다. 하포는 기회가 있을 때마다 이런 상투적인 문구를 아주 철저하게 패대기친다.

이렇게 이런저런 생각을 하며 느긋하게 사전을 읽는 것도 나쁘지 않다. 툇마루에 앉아 다시마차를 마시면서 이러고 있다보면 기분은 벌써 노후다. 'plod'에서 'plummy'까지 읽고서 문득 고개를 드니 하늘에는 가을 구름이 솔로 그은 것처럼…… 뭐 이렇게 말이죠. 그런데 전철 안에서 고개를 푹 숙이고 사전을 탐독하고 있는 젊은 남자를 발견한다면 왠지 으스스할 것 같다.

---

* 1920년대 후반에서 30년대를 풍미한 미국의 개그맨 사형제 '막스 브라더스' 중 한 명.

시계의 조촐한 죽음

우리 집에는 전부 열대여섯 개의 시계가 있다. 손목시계, 탁상시계, 자명종…… 등등, 온갖 종류의 시계가 집 안 여기저기서 재깍재깍 성실하게 때를 알린다.

왜 이렇게 시계가 많은지에 대해서는 전에 어느 글에서 다룬 적이 있기 때문에 여기서는 언급하지 않겠다. 아무튼 시계가 참 많다. 옛날 같으면 날마다 그 많은 시계의 태엽을 하나하나 감아주느라 수고가 말이 아니었을 테지만, 요즘 시계는 전지식이라 이 년 정도 가만히 내버려두어도 저 혼자 움직여주니까 품이 안 들어 편하다. 같은 지붕 아래 살면서도, 너는 네가 알아서 움직이렴, 우리는 우리대로 살 테니까—라는, 뭐랄까, 비교적 쿨한 관계다.

그래봐야 얼마 지나지 않은 일이지만, 옛날에는 이렇지 않았다. 시계의 태엽을 감는 것은 이를 닦거나 고양이에게 먹이를 주거나 아침에 신문을 읽는 것과 마찬가지로 생활에 단단히 뿌리내린 일상적 행위였으며, 우리는 태엽을 감는 행위를 통해 시계와 정을 나누었다. 그런 시대에 시계는, 좀 과장해서 말하면 우리 가족의 일원이었다. 아버지는 낡은 스위스제 손목시계의 태엽을 감고, 어머니는 나비 모양 금속 막대기로 벽시계의 태엽을 감고, 아이는 자명종의 태엽을 감았다. 그것은 일일이 기억하고 생각할 정도도 아닌 아주 자연스러운 행위였으며, 불현듯 시계와 눈이 마주치면 우리는 자동적으로 태엽을 감았다. 좀 이상한 얘기지만, 옛날에는 종종 시계와 눈이 마주쳤다. 요즘에는 그런 일마저 없어져버렸다. 물론 우리는 매일 시계를 보고 있지만 '눈이 마주치는' 느낌은 이제 없다. 사이는 좋아도 정열이 식어버린 연인들처럼.

태엽을 감는 것은 귀찮지만 나름으로 뿌듯한 행위다. 드르륵 드르륵 태엽을 감다보면 느슨하게 풀려 있던 것이 점점 팽팽해지면서 반듯하게 형태를 잡기 시작하고, 마침내 딱 고정된다. 그것은 작은 거래의 의식이었다. 우리는 태엽을 감고 너희는 움직인다는 내용의. 그리고 우리가 태엽을 감아주기만 하면 시계는 적어도 꼬박 하루를 성실하게 움직였다.

그런데 어느 날을 경계로 모든 것이 변했다. 고성능 소형 건전지가 개발되는 바람에 시계는 가만히 내버려두어도 몇 년 동안 계속 갈 수 있게 된 것이다. 이제 태엽을 감을 필요가 없습니다, 하고 그들은 말했다. 그대들은 태엽을 감는 수고에서 해방되었습니다. 그리고 우리는 태엽을 감는 행위에서 한없이 멀어졌다.

그러나 모든 현상이 모순을 안고 있듯이, 이 편리한 전지식 시계에도 편리함으로 인한 단점이 있다. 그것은—아마 여러분도 그런 경험이 있을 겁니다—건전지가 다 떨어진 어느 날, 시계가 갑작스럽게 죽는다는 것이다. 아무런 사전 암시도 없이, 비명조차 지르지 않고, 알아차렸을 때는 이미 말 그대로 죽은 상태다. 그리고 무슨 수를 쓰더라도 건전지를 새로 갈아넣지 않는 한 시계는 되살아나지 않는다.

하지만 그런 일은 이삼 년에 한 번뿐이고, 날마다 태엽을 감는 불편함에 비하면 아주 사소하지 않은가. 그대는 이렇게 말할지도 모르고, 나도 원칙적으로는 그 의견에 동의한다. 나는 뭐든 옛날 것이 좋았다고 주장하는 회고적인 인간은 절대 아니다. 나는 전지식 시계의 죽음에 차갑고 무거운 어떤 것이 있다고 말하고 싶을 뿐이다. 몇 년에 한 번밖에 멈추지 않기 때문에, 더욱이 그 죽음에서 피할 수 없는 숙명의 도래를 느끼는 것이다. 아침에 눈을 떠 머리맡에서 바늘이 멈춘(또는 디지털 숫자가 사라진) 시계를 발견했을 때, 나는 늘 적지 않은 충격을 받는다. 새벽녘의 하얀 달처럼, 그 죽음은 소박한 침묵에 싸여 있다.

내가 그녀에게서 그 시계를 받은 것은 작년 여름이었다. 우리(나와 내 마누라, 그녀와 그녀의 남편)는 우연히 같은 시기에 하와이에 가게 되었고, 그 기회에 마우이 섬 방갈로를 같이 빌리기로 했다. 렌터카든 방갈로든 넷이서 빌리는 편이 한결 값이 싸고, 우리는 같은 세대에 같은 대학을 다녔으며, 그녀와 내 마누라는 오랜 친구로 속내까지 다 아는 사이다.

그때 그녀가 갖고 있던 것이 이 트래블 워치다. 항공사가 판촉용으로 뿌린 조그만 아날로그식 시계로, 눈금을 맞추면 세계 주요 도시의 현재 시각을 알 수 있다. 나는 여행을 가면 항상 시차 계산 때문에 고생하는 터라 "이거 편리하겠는데" 하며(아마도 군침을 흘리며) 들여다보았더니, 그녀가 "두 개 있으니까 하나 줄게"라고 한 것이다. 이렇게 해서 그 트래블 워치는 내 것이 되었다. 평소에는 자명종으로 사용하고, 물론 여행 때는 반드시 가져간다.

그녀는 하와이에서 돌아와 일 년 후에 죽었다. 갑작스러운 죽음이었다. 나는 그때까지 내 또래 지인과 친구의 죽음을 상당히 많이(평화로운 시절치고는 지나치다 싶을 정도로 많이) 경험했고 어떤 죽음이나 똑같이 슬펐지만, 삼십대 후반의 죽음에는 이십대의 죽음과는 또다른 슬픔이 있었다. 솔직히 말해 슬픔보다 분함이 앞섰다. 피차 지금까지 갖가지 시련을 겪고, 그것을 어찌저찌 이겨내며 여기까지 왔는데, 왜 지금 와서…… 하는 생각이 들기 때문이다. 하지만 이런 기분은 내 나이대 사람이 아니면 이해하기 어려우리라.

그녀는 세상의 많은 여자들이 그러하듯 다소 소녀적인 성향을 간직한 현실주의자였고, 솔직한 말과 맛있는 요리를 좋아하고, 1980년대까지도 비치 보이스와 안토니오 카를로스 조빔의 음악을 즐겨 들었다. 그리고—죽은 이를 타박하는 것 같아 미안하지만 우리 마누라의 말을 빌리면—짠순이였다. 아니, 정확하게는 짠순이가 아니다. 꽤 즐겁게 돈을 썼다. 다만 남에게 뭔가를 주기보다는 받는 쪽을 더 좋아하는 사람이었다. 그러니까 그 시계도 그녀가 먼저 내게 준 것이 아니라 남편이 "두 개 있으니까 하나 주지"라고 해서 시큰둥하게 준 것이다. 나는 대신 그녀가 좋아하는 월터 원덜리의 희귀판을 찾아서 선물하려고 했는데, 결국 그 음반을 찾기도 전에 그녀는 죽고 말았다.

아무튼 그 여자애(비록 서른일곱이라도 나와 나이가 같으면 내게는 다 여자애다)에게서 받은 시계가, 어느 날 아침 일어나보니 뚝 멈춰 있었다. 배고픈 고양이가 야옹야옹 요란스럽게 깨우는 바람에 '으음, 몇시인데 저러지?' 하고 머리맡에 있던 그 트래블 워치를 보았더니, 바늘은 새벽 두시 십오분에 멈춰 있었다.

고양이에게 사료를 주고 내가 먹을 커피를 끓이고 달걀 프라이를 만드는데, 그러고 보니 그애도 이제 죽고 없구나, 하는 생각이 문득 스쳤다. 시계는 마치 삶의 여운에 마지막 쐐기를 박듯이 딱 멈춰 있었던 것이다.

'좁은 일본, 밝은 가정'

얼마 전 동네를 산책하는데 거리에 '부모와 자식끼리 무엇이든 이야기하는 즐거운 가정'이란 표어가 적힌 간판이 서 있었다. 아, 그렇구나. 부모와 자식이 뭐든 얘기하면 밝은 가정이구나, 하고서 무심히 지나쳤는데, 나중에 왠지 그 글귀가 마음에 걸려서(은근히 자잘한 일에 신경이 쏠리는 성격이다) 다음 날 다시 한번 그 간판 앞을 지나가보았다. 그 지역 초등학생 표어 콩쿠르에서 뽑힌 작품이라고 한다. 꼬투리를 잡을 요량은 아니지만, 초등학생이 지었다기에는 너무 재미없는 표어다. 평범하고, 밋밋하고, 어린애다움이 전혀 느껴지지 않는다. 머릿속에서 쥐어짜낸, 그저 단어를 이리저리 늘어놓아 만든 공허한 문장이다. 물론 표어를 지은 아이보다 이런 걸 뽑은 선생이 더 문제라는 것은 말할 필요도 없다. 아이들은 이런 표어를 뽑는 선생의 가치관에 영합하게 된다. 안타깝게도.

아무튼 부모와 자식이 뭐든 얘기하는 가정은 과연 정말로 즐거운 가정일까? 나는 그 표어 앞에 서서 근본적인 의문에 빠졌다. 이런 표어는 때로 근본적인 사고의 확인을 요구한다. 나는 가정이란 어디까지나 잠정적인 제도라고 생각한다. 절대적인 것도 아니고 확정적인 것도 아니다. 분명히 말해서, 그것은 스쳐 지나가는 것이다. 끊임없이 변화하고 옮겨가는 것이다. 그리고 그 잠정성의 위태로움을 인식함으로써 가정은 구성원 각자의 자아를 유연하게 흡수해갈 수 있다. 그러지 못한다면 가정은 그저 무의미하고 경직된 환상에 지나지 않는다. 가정이란 이른바 유연하게 만들어진 자아의 제로섬 사회다. 이게 내 개인적인 생각이다. 따라서 부모와 자식이 무엇이든 솔직하게 숨김없이 얘기하고, 그렇게 해야 비로소 가정이 건전해진다는 건 너무도 단순하고 단편적인 발상이다.

물론 가족 모두가 의심으로 똘똘 뭉쳐 있다면 그 경우도 곤란하겠지만, 서로 약간의 비밀은 있어도 괜찮지 않을까. 해야 할 말과 하지 말아야 할 말을 식별하는 능력은 자아의 사회화에 무척 중요한 능력일 터이다. 무엇이든 얘기하는 것이 선善이라는 발상은 지나치게 억지스럽고, 또 본래 가정이 지니고 있어야 할 유연성을 고려치 못한 것이다. 그런 생각 자체를 부정할 마음은 없지만(물론 개인의 자유니까), 표어로 강요하는 건 좀 그렇다.

뭐 그건 그렇고, 한동안 외국에서 살다 돌아오니 이 나라가 얼마나 표어를 좋아하는지 감탄스러울 지경이다. 외국의 거리에서는 표어를 거의 볼 수 없다. 이렇게 표어가 많은 나라는 내가 아는 한 일본뿐이다. 그런 생각을 하며 새삼 주위를 돌아보니, 일본 전국 방방곡곡이 표어로 도배되어 있다. 게다가 이런 표어가 무슨 도움이 될까 의문스러울 만큼 불가사의하고 애매모호한 것이 많다. 도움이 안 될뿐더러 대부분 비논리적이고 문장으로서의 품위도 없다. 예를 들어 이 '부모와 자식끼리' 어쩌고 하는 표어만 해도, 이런 간판을 거리에 세워둔다고 무슨 효과가 있을 거라 생각하십니까? 이 간판을 본 사람이 표어 덕에 선도될 가능성이 있다고 보십니까? 나는 없다고 생각한다. 그야 세상에는 다양한 사람이 있으니 십만 명에 한 명 정도는 그럴지도 모르겠다. 그러나 고작 그 한 명을 위해 굳이 초등학생들을 끌어모아 대회를 열 것까지야 없지 않은가. 조금도 의미 없는 일이다. 소설가 마루야 사이이치 씨가 어느 글에서 초등학생에게 시를 짓게 하는 것이 얼마나 무의미한 일인지 피력한 적이 있는데, 초등학생에게 표어를 짓게 하는 것도 그에 버금가게 무의미한 일이 아닌가 생각한다.

그리고 길을 가다보면 흔히 눈에 띄는 '세계 인류가 평화롭기를'이라는 표어 간판, 그것도 나는 잘 모르겠더군요. 전혀 이해할 수 없습니다. 물론 나도 세계 인류가 평화롭기를 바란다. 그러니 표어의 취지 자체에는 이의가 없다. 굳이 딴죽을 걸자면 '뭐야, 그럼 지구만 괜찮으면 우주는 어떻게 되든 상관없다는 거야?' 할 수도 있겠지만, 그건 좀 생트집이지 않나 싶다. 그러니 근본적인 취지에는 찬성한다. 문제는 그런 간판을 일본 각지에 일일이 세운다고 구체적으로 무슨 효과가 있겠느냐는 것이다. 그 표어를 본 사람들의 머리에 '세계 인류가 평화롭기를'이란 주장이 입력되고, 사람들이 그에 따라 행동하고, 그 결과 세계에 평화가 찾아오고 인류가 행복해지는 그런 일이 과연 일어날 수 있을까? 그럴 가능성은 없죠. 단언할 수 있습니다. 그런 일은 절대 있을 수 없습니다. 왜냐하면 지금도 이 세상에 세계 인류가 평화롭기를 바라지 않는 사람은 없을 테고(만약 있다 해도 그런 사람이 간판을 보고 '그렇지, 세계 인류는 평화로워야 해'라고 깨닫고 개과천선할 일은 절대 없다), 표어가 머리에 입력된다 한들 그에 따라 새롭고 구체적인 효과가 생겨날 수는 없기 때문이다.

극단적인 예를 들자면, 히틀러 역시 좁은 의미에서는 세계 인류의 평화를 바랐다. 다만 그는 그것이 게르만=아리아 민족의 광적인 가치관을 바탕으로 이루어져야 한다고 믿었기 때문에 당연한 결과로 전쟁을 일으켰다. 세계에 대한 인식 자체가 비뚤어져 있었던 것이다.

요컨대 내가 하고 싶은 말은, 사람들이 세계 평화를 바라게 된다고 모든 일이 해결되지는 않는다는 것이다. 필요한 것은 세계에 대한 공통적인 인식과, 보다 구체적이고 세부적인 행동원칙이다. 그게 없으면 모두 헛수고다.

나는 이렇게 행동원칙이 없는 막연한(그러나 딱히 반론의 여지가 없는) 주장을 '울트라맨적 주장'이라 부른다. 울트라맨 같으면 그 표어를 보고 '암, 세계 인류는 평화로워야 돼' 하고 새삼 결의를 다질 테지만 그 외에는 아무런 효과가 없다는 의미에서

다. 그런데도 이런 유의 표어가 실로 많다. 넌더리가 날 정도로 넘쳐난다. '범죄 없는 밝은 사회'라느니 '목표—교통사고사 0'이라느니, 대체 뭘 위해 이런 간판을 세우는지 나는 전혀 모르겠다. 보기만 해도 바보짓 같다. 자원과 노동력을 쓸데없이 소모하고 거리를 더럽힐 뿐이다.

그리고 괜한 간섭을 하는 표어도 많다. 이런 표어도 진짜 볼썽사납다. 예를 들어 가장 유명한 표어인 '좁은 일본, 그렇게 서둘러 어딜 가는가?'도 그렇다. 이건 정말이지 괜한 간섭이다. 대관절 누가 일본이 좁다고 정했나. 그렇기야 하죠, 시베리아나 사하라사막에 비하면 일본은 물론 좁죠. 하지만 내 감각으로 보면 상당히 넓은 나라다. 도쿄만 해도 꽤 넓은 도시다. 야마노테 선만 해도 내려보지 못한 역이 수두룩하다. 그런데 다짜고짜 좁은 일본이라고 하니 반감이 생긴다. 인식이 단면적이다. 그리고 좁은 나라의 국민은 서두르면 안 되는가 하는 문제도 있다. 어디에 사는 누구든 서두를 수 있다. 그럴 때는 누가 뭐라고 하든 갈 길이 멀고 세계가 넓게 느껴진다. 물론 차를 타고 필요 이상으로 속도를 내는 것은 나도 반대하지만, 그렇다고 이렇게 기묘한 언어감각을 지닌 간판을 세상에 마구 뿌려도 좋다는 말인가? 이런 유의 '괜한 간섭' 간판은 경찰에 관련된 것이 가장 많은 듯하다. 대부분 기묘하고 구제불능인데다 무용지물이다. 한번은 야마나시 부근에서 '속도를 내지 마라, 죽으면 끝이다'라는 간판을 본 적 있는데, 그런 걸 보면 정말 정나미가 떨어진다. 기분도 점점 침울해진다. 어쩌면 그것이 일본 관료조직의 본질인지도 모르겠지만, 공연한 간섭일뿐더러 더할나위없이 천박하다. 세상 운전자들이 이 표어를 보고서 속도를 늦추리라는 생각은 도저히 들지 않는다. 무시하거나 아니면 웃어넘기는 게 고작일 것이다. 게다가 애당초 말장난 같은 경박한 글귀인지라 몇 번 보다보면 무감각해지고 만다. 그뒤로는 그저 성가시게 느껴질 뿐이다. 일본의 경찰 관련 광고는 언어감각이 지극히 수준 미달인데다가, 이상하게 명령조의 느낌이 든다.

어쩌면 내가 이러나저러나 상관없는 일에 시시콜콜 불만을 토로하고 있는지도 모르겠다. 하지만 생각해보라. 어느 날 일본 전국의 거리에서 표어 포스터며 간판을 일제히 회수해 한 장도 남김없이 바다에 내버린다 한들 아무도 당황하지 않을 것이다. 절대로. 범죄든 사고든 집단 따돌림이든 선거 기권이든 공무원 비리든 강간이든 알코올중독이든 각성제든, 표어가 있다고 줄어드는 법은 없고 반대상황이라고 늘어나는 법도 없다. 분명하게 말하는데, 이런 표어의 대부분은 있어봐야 무익하고 무용하다. 정보라고도 할 수 없다. 그렇다면 이런 것들이 왜 필요하죠? 우리에게는 이보다 더 필요한 정보가 있다. 그렇게 쓸데없는 표어를 만들어 붙일 틈이 있다면, 왜 도로 표지판과 주소 표시를 보다 정확하고 알기 쉽게 만들어놓지 않는가. 화를 내는 것이 아니다. 이것은 정말이지 순수한 의문이다.

거꾸로 내가 지금 가장 표어를 붙이고 싶은 장소는 러브호텔의 방 안이다.

'정말 그런 걸 해야 합니까?'

'끝나니까 허무하죠?'

'그래봐야 언제나 똑같지 않습니까?'

이런 '괜한 간섭' 표어를 잔뜩 써붙여보고 싶다. 보나마나 불쾌해지겠죠.

스콧 피츠제럴드와 재테크

좋아하는 작가 세 사람을 꼽아보라면 금방 대답할 수 있다. 스콧 피츠제럴드, 레이먼드 챈들러, 트루먼 커포티. 이 세 사람의 작품만큼은 이래저래 이십 년 동안 질리지도 않고 셀 수 없이 거듭 읽고 있다. 긴 여행에는 늘 이 세 사람의 소설을 여행가방에 넣어 간다. 몇 번을 다시 읽어도 실망하는 일이 없다. 장기 여행용으로 두 작가를 더 추가하라면 포크너와 디킨스. 이 두 작가는 여행에 제법 적합하다. 여행할 때가 아니면 썩 내키지는 않지만.

피츠제럴드와 챈들러, 그리고 커포티의 공통점은 역시 사생활이 그다지 정상이 아니었다는 점일 것이다. 셋 다 아무리 좋게 보아도 정서가 안정되었다고는 하기 어려운 사람들이었다. 커포티는 몹시 예민한 성격이었고, 게이에다가, 때로 기이한 행동을 하기로 유명했다. 챈들러는 나이가 스무 살이나 더 많은 아내와 기묘한 결혼생활을 했고, 알코올중독이었다. 피츠제럴드 역시 알코올중독에다 경제관념 제로, 빚더미에 올라앉은 채 죽었다. 내 인생과는 매우 거리가 멀다. 그런 사람들에 비하면 나의 사생활은 마르크화 표시 채권처럼 견실해 보인다. 그런데도 어찌된 영문인지 이 세 사람의 소설을 거의 숙명적으로 좋아한다.

다만 나와 스콧 피츠제럴드 사이에는 딱 하나 공통점이 있다. 그것은 돈 불리기를 좋아하지 않는다는 점이다. 돈 불리기, 요즘 말로 하면 '재테크'라 하겠는데, 이게 정말 싫다. 주식을 사고 금을 사들이고 땅을 소유하는 것, 그런 건 생각만 해도 머리가 지끈거린다. 뇌가 수축해서 공기의 흐름이 나빠지는 듯하다. 마누라가 간혹 "여보, 이 무슨무슨 펀드 어떻게 생각해?" 하고 묻는데, 나는 그런 건 전혀 모르니까 "그냥 알아서 해, 알아서"라는 말로 피해버린다. 그러면 마누라는 "그래도 당신은 남자잖아" 한다. 그야 물론 남자지만, 남자라고 해서 다 세계경제에 정통하게 생겨먹은 것은 아니죠. 마누라도 돈 쓰기는 싫어하지 않으나 돈 불리는 일에는 그리 재주가 없어서(한심한 성격이죠), 결국 우리 집의 경제 상황은 언제나 혼란스럽고 두서없이 방치되어 있다.

마찬가지라고 하기는 쑥스럽지만, 스콧 피츠제럴드도 철저하게 저축이나 재테크에 재주가 없는 사람이었다. 젤다와 스콧 부부는 돈이 생기면 생기는 족족 다 써버렸다. 스무 살이 조금 넘은 나이에 별다른 인생경험 없이 초인기 작가가 되었으니 경제관념이 있을 리 없다. 스콧은 숙명적인 허영꾼이었고, 젤다는 돈에 주려본 적 없는 철없는 아가씨였다. 최악의 만남이라고 해도 좋을 것이다. 아무튼 돈이 들어왔다 하면 그대로 휙휙 써버렸다. 말 그대로 내다뿌렸다. 부족하면 출판사에서 당겨썼다. 출판사는 원고가 아쉬우니 그가 달라는 대로 계약금을 건네주었다. 그러는 사이 빚이 눈덩이처럼 불어났다. 저금 따위는 거의 없이. 그것이 1920년대 스콧 피츠제럴드의 기본적인 인생 스타일이었다. 앞날이 눈에 뻔히 보인다.

물론 나는 그렇게 돈을 마구잡이로 쓰지는 않지만 영리하게 운용하지 않는다는 것 역시 분명하다. 재정에 무식한 나를 딱하게 여겼는지, 내 주위에 여러모로 충고해주는 사람이 있었다.

“저 말이죠, 소설이란 나중에 어떻게 될지 알 수 없는 거니까 지금부터라도 제대로 된 투자를 해야 합니다.”

그 사람은 그렇게 말했다. 어떻게 될지 알 수 없다, 옳은 말이다. 건강하게 일할 수 있는 동안에는 몰라도, 한번 건강을 해치면 뒷일을 보장해줄 만한 게 전혀 없다.

“돈을 어떤 식으로 운용하는데요? 은행 정기예금? 허허, 웃음만 나오는군요. 이 초저금리 시대에 정기예금이라니. 지금은 돈을 벌 때입니다. 지금 안 벌고 언제 벌겠느냐 말입니다."

그러고는 원룸 아파트를 사라고 충고해주었다. 원룸 아파트는 사기도 간단하고 안정적이니까 염려 없습니다. 앞으로는 무조건 부동산이에요, 부동산. 전쟁이 끝난 후부터 지금까지 장기적으로 봤을 때 땅값은 떨어진 적이 없다니까요…… 그런 말을 들으니 그런가, 정말 그런 건가 싶어졌다. 원룸 아파트 정도면 내 능력으로 살 수 없지도 않다. 그래서 그가 권하는 아파트를 같이 보러 갔다. 그 사람은 도쿄 도내에 원룸 아파트만 일고여덟 채를 소유하고 있는 굉장한 사람으로, 한마디로 원룸의 권위자다. 그 사람이 하라는 대로 하면 틀림이 없다. 그래서 그가 "이건 무조건 사야 합니다"라고 한 물건을 보러 간 것이다.

아자부 언덕 아래에 있는 열 평 남짓한 원룸 아파트였다. 옷장 크기만한 엘리베이터를 타고 5층까지 올라갔다. 유난히 길쭉하고 기묘한 방이다. 침대 하나 놓으면 꽉 찰 것 같은 침실과, 옆으로 나란히 앉아야 겨우 둘이서 식사를 하겠다 싶은 부엌, 걸레 빠는 양동이만한 욕실, 그래서 3천만 엔—1985년의 얘기다.

"별로 마음에 안 드는데요. 이런 게 3천만이라니 말도 안 되죠." 나의 말.

"나도 그러네요." 우리 마누라의 말.

"저기, 여기 당신들이 사는 게 아니잖습니까." 그의 말.

"이건 순수한 투자입니다. 이걸 집이라고 생각하면 안 됩니다. 주식과 마찬가지예요. 누가 주권의 색이나 모양 같은 걸 신경 쓴답니까. 좋고 싫고를 따질 게 아니에요. 이 물건은 반드시 값이 올라갑니다. 내가 보장해요. 사세요."

하지만 결국 우리는 그 아파트를 사지 않았다. 그가 뭐라고 하든 내 눈에는 방이 주권으로 보이지 않았기 때문이다. 그것은 하나의 방이며, 사람이 생활해야 하는 공간이었다. 내가 좋아할 수 없는 것을 돈 들여 사고 싶지 않았다. 그것은 우리의 신념이었다. 그렇게 말하자 그는 어이없어하더니, 그후로 두 번 다시 우리에게 재정적인 충고를 하지 않았다. 보나마나 바보라고 생각했을 것이다.

그렇다, 우리는 바보였다.

팔 개월에 걸친 유럽 생활을 마치고 돌아와보니, 광기에 가까운 지가 폭등으로 그 원룸 아파트의 가격이 5천만을 훌쩍 넘어섰기 때문이다. 만약 우리가 그 원룸을 샀다면 고작 일 년 반 사이에 2천만 엔의 이득을 보았을 것이다.

"하라는 대로 할 걸 그랬나봐." 마누라가 한숨을 쉬며 그렇게 말했다.

"그러게 말이야." 나도 그렇게 말했다.

하지만 다시 같은 상황에 놓인다 해도 우리는 역시 그 원룸 아파트를 사지 않을 것이다. 그러리란 것을 우리는 잘 안다. 도무지 그런 것을 좋아할 수 없기 때문이다.

별 대단한 소리를 한다 싶지만, 투자 개념으로 부동산을 마구 사들인 사람들과 회사 덕분에 도쿄의 지가는 미친 듯이 폭등했고(어이쿠야, 정부까지 나서서 재테크를 했다), 그 탓에 아주 평범한 사람들은 평생을 일해도 집 한 채나 마련할 수 있을지 알 수 없는 서글픈 처지에 몰리고 말았다. 이는 어떻게 생각해봐도 정상적인 사회가 아니다. 이런 사회를 정상적이라고 생각하는 사람이 있다면, 그 사람이 비정상적인 것이다.

물론 2천만 엔을 거저 벌 기회를 놓친 것은 아쉽지만, 솔직히 나는 아무리 머니게임이라 해도 내가 살고 싶지 않은 집은 조금도 사고 싶지 않다. 그런 일에 머리와 신경을 쓰느니 아무리 '어떻게 될지 알 수 없는 일'일지라도 혼자서 깨작깨작 소설을 쓰는 편이 훨씬 좋다. 그렇게 해서 지금 부부 둘이 일단 밥은 먹고 사니 그것으로 족하지 않은가, 앞날은 그때 가서 생각하면 된다고 여긴다. 요컨대 귀찮은 것이다. 재테크는 정말이지 적성에 맞지 않는다. 뭐, 자랑하는 것은 아니다. 그저 단순히 그런 능력이 모자라다는 것뿐이다.

다시 스콧 피츠제럴드로 돌아가자. 그는 1929년 대공황 시기에 전혀 피해를 입지 않은 많지 않은 미국인 중 한 명이었다. 왜냐하면 피해를 입고 싶어도 자산이라는 것이 전혀 없었기 때문이다. 1920년대라는 미증유의 호경기를 지내며 그렇게 많은 돈을 벌었으면서 그는 단 한 푼의 자산도 남기지 않았다. 소설 외에는 아무것도.

나는 그런 스콧 피츠제럴드를 생각할 때마다 큰 힘을 얻는다. 경제관념에 한해서는, 그나마 내가 그보다는 낫다고.

왜 나는 잡지 연재를 싫어하는가

나는 스스로도 몹시 조급한 성격이라고 생각한다. 조급하고, 차분하지가 못하다.

대체로 음식을 먹는 속도가 빠르다. 천천히 식사를 즐기지 못한다. 억지로 천천히 먹다보면 식사라는 행위에 싫증이 난다. 인생의 귀중한(어떻게 얼마나 귀중한지는 알 수 없지만) 시간을 함부로 낭비하는 듯한 기분이 들어 슬슬 화가 나기 시작한다. 물론 풀코스 정식이나 이탈리아 요리가 나오는 레스토랑에 갈 경우에는 사전에 각오를 하기 때문에 그런 일이 없지만, 일상적인 식사 수준에서는 매우 빨리 먹는 편이라고 생각한다. 술을 마시는 속도도 상당히 빠르다. 그래서 진득하게 마시지를 못한다. 술이 센 것도 아니라서 혼자 마시고 싶은 만큼 얼른 마시고 그대로 잠드는 경우가 많다. 말하자면 상당히 비정서적인 성격이다.

그리고 식사가 끝나면 바로 그릇을 치우고 설거지를 한다. 식사가 끝났는데도 너저분한 그릇을 앞에 놓고서 어영부영 시간을 보내기가 싫다. 그래서 식사가 끝나는 것과 거의 동시에 자리에서 일어나 그릇을 싱크대로 가져가고, 그런 김에 얼른 씻는다. 아무튼 빠르다. 그리고 설거지가 끝나면 일을 하든지 수염을 깎든지 청소를 하든지, 바로 다음 작업에 들어간다. 식사 후에 한숨 돌리면서 느긋하게 차를 마시거나 하는 걸 싫어한다. 느긋하게 신문을 읽는 것도 싫어 신문조차 받아보지 않는다. 옆에 있으면 아무래도 집어들고 읽게 되기 때문이다.

흔히 꼬맹이들이 밥을 다 먹기가 무섭게 "잘 먹었습니다" 외치고 그대로 밖으로 뛰어나가는 광경을 보는데, 나도 기본적으로 그와 비슷하다. 가만히 있지를 못한다. 마누라는 나의 그런 성격을 이제 많이 포기한 것 같은데도 아직 이따금 화를 낸다. 내가 식사를 끝내고 얼른 그릇을 치우려고 하면 "여보, 안 치워도 되니까 좀 가만히 앉아 있어요" 하거나 "그 접시 가져가지 말아요. 난 아직 다 안 먹었으니까" 하고 고함을 지른다. 그녀 마음으로는 밥을 먹고 난 직후 정도는 한숨 돌리며 무슨 얘기라도 나누고 싶은 것이다.

미안하긴 하지만, 나는 그런 일에 정말 서툴다. 한동안은 억지로 식탁 앞에 앉아 정원의 무슨무슨 나무에 열매가 열렸는데 무슨무슨 새가 와서 먹었다느니 하는 잡담을 하지만, 오 분쯤 지나면 알게 모르게 몸이 근질근질해져서, 식탁 위에 있는 연필을 집어 메모지에 별을 그리거나 고무줄을 잡아당기는 등의 장난을 하기 시작한다. 왠지 불안한 것이다.

상대가 마누라라서 그런 것은 아니다. 옛날부터 누구와 식사하든 대체로 상황이 비슷했다. 여자와 식사를 할 때도, 차를 마실 때도, 그 자리에서 느긋하게 한숨 돌리지를 못한다. 다 먹으면 곧바로 "자, 그럼 나가지" 한다. 나가서 뭘 하느냐, 특별히 뭘 하는 것도 없이 그냥 걷는다. 나는 걷는 것을 좋아해서, 걸으면서는 비교적 차분하게 얘기를 할 수 있다. 그래서 마누라는 무슨 할 얘기가 있을 때면 꼭 산책을 나가자고 한다. 한 시간이나 두 시간쯤 집 주변을 정처 없이 걸어다니다가 들어온다. 다리가 튼튼한 사람이 아니면 나를 상대하기 어렵겠죠. 농담이 아닙니다.

걸으면서 옆사람과 얘기하는 한편, 달리면서도 생각한다. 나는 하루에 한 시간에서 한 시간 반쯤 바깥에 나가 뛰는데 그동안 정말 많은 생각을 한다. 소설, 가정, 앞날, 물가, 음악, 쇼핑 목록, 그리스어의 동사변화 등등, 아무튼 온갖 것을 생각한다. 물론 뛰면서 생각하기 때문에 나름대로 체력이 소모되나, 나는 오히려 그 정도 에너지를 방출하지 않으면 차분하게 생각에 집중하지 못하는 듯하다. 몸이 어느 정도 지쳐야 비로소 '자, 잠시 생각을 해볼까' 하는 기분이 드는 것이다. 한자리에 가만히 앉아 심사숙고하지를 못한다. 내게 가만히 앉아 생각에 잠긴다는 것은 정신적으로 자동차 엔진을 공회전시키는 것이나 마찬가지라, 도무지 안정감이 없다. 이런 성격으로 용케 작가 노릇을 하고 있구나 싶어 나 자신도 때로 신기하다. 어쩌면 소설을 쓰는 작업이란 의외로 심각한 육체노동인지도 모르겠군요.

아무튼 성격이 급하다.

가령 이런 원고도 마감일 훨씬 전에 써버린다. 마감일이 있다는 생각만 해도 안절부절못하기 때문이다. 이 원고를 쓰고 있는 지금은 음, 1987년 8월 21일 오전 열시입니다. 어때요? 대단하죠? (주—이 원고는 〈하이패션〉 1987년 12월호에 실렸다.) 그 정도로 한참 전에 쓴다. 지금까지 마감일을 어긴 적은 단 한 번도 없다. 해야 할 일의 목록을 책상 앞 벽에 붙여놓고, 하나씩 해치우고 하나씩 지워나간다. 조금이라도 남아 있으면 안달이 나서 내가 하고 싶은 일을 시작할 수 없으니, 순서대로 후다닥 처리한다. 그렇게 해서 마감일이 잡힌 원고를 싹 없애버린다. 그러니 연재라는 것은 도무지 좋아할 수 없다. 연재가 있다는 것만으로도 장기적인 정서불안에 빠진다. 〈하이패션〉의 이 연재만큼은 편집자가 무서우니까 꼼짝없이 쉬엄쉬엄 써나가고 있지만 말이죠.

〔토막 정보〕 문화출판국의 여자들은 보기보다 근성이 있어서 무섭다. 언제나 옷 같은 걸 어깨에 둘러메고 옮기기 때문에 힘도 세고, 편집부에 거의 여자뿐이라 말투도 꽤 거칠다. "이보세요" 하고 목에 힘을 주고 말한다. 프로레슬링 기술 같은 것도 막 한다. 외모가 예뻐 보이는 것은 화장에 엄청 공을 들이고, 브랜드 바겐세일 때 옷을 싸게 살 수 있기 때문이다. 때로 기분이 내키면 튀김을 사주곤 하기 때문에 별로 험담을 쓰고 싶지 않지만, 이건 농담이 아니라 사실입니다. 〔토막 정보 끝〕

어쨌거나 내 조급한 성격의 예를 들자면 끝이 없다. 밥을 먹는 속도가 빠를 뿐만 아니라 하루 세 끼를 먹는 시간도 보통사람보다 대략 한 시간씩 이르다. 아침은 다섯시 반, 열한시에 점심, 다섯시 반에 저녁, 이런 식이다. 보통 남들이 먹는 시간까지 기다릴 수가 없는 것이다. 그래서 저절로 식사 시간이 조금씩 일러지고 말았다. 그러니 식사가 나오는 여관 같은 데 묵을 때는 상당히 난감하다. 다섯시 조금 넘어 일어나 식사가 나올 때까지 두 시간 정도 기다리려면 할 일은 없고 배는 고프고 해서 기분이 영 언짢아진다. 마누라는 그럼 전날 밤에 주먹밥이나 멜론빵이라도 사두면 되지 않느냐고 하지만, 무에 그리 슬픈 일이 있다고 여관에 묵으면서 아침부터 멜론빵 같은 것을 먹어야 하느냐 말이다. 반대로 식사 시간이 일러 좋은 것은 북적거리는 시간대를 피해

한산한 레스토랑에서 느긋하게 식사할 수 있다는 점. 이건 조급한 성격의 효용이라 해도 좋으리라.

약속 시간에도 지각이란 없다. 언제나 약속 시간 십오 분이나 이십 분 정도 전에 도착해서 주변을 어슬렁거리며 시간을 보낸다. 대개 서점이나 레코드 가게에 들어갈 때가 많다. 옷을 구경할 때도 있다. 기분이 내키면 잡화점에 들어가 냄비 같은 것을 꼼꼼하게 살펴보기도 한다. 왜 또 굳이 냄비를 들여다보느냐 하면 나도 잘 모르겠는데, 가끔 멀뚱멀뚱 냄비를 보고 있는 것도 유쾌하다. 예기치 못한 걸 발견하기도 하니까.

나는 이런 식으로 생기는 자투리 시간을 무척 좋아한다. 마치 인생에 덤으로 주어진 캐러멜처럼 느껴진다. 성격이 조급한 덕분에 생겨난 여분의 시간이지만, 이럴 때는 반대로 아주 느긋하게 평온한 시간을 보낸다는 게 참 재미있죠.

Can you speak English?

영어 회화는 잘 못한다. 아니, 분명하게 말해서 아주 못한다.

나는 번역일도 제법 하고 있고(아, 벌써 번역서를 열 권이나 냈다), 요즘은 일 년의 대부분을 외국에서 생활하고 있으니 회화에도 능통하지 않겠냐고들 여길 터이나, 그렇지 않다. 부끄럽지만 영 서툴다. 무슨 일이 있어 외국인을 만나 영어로 얘기해야 할 때는 아침부터 왠지 배가 더부룩해서 견딜 수가 없다.

하지만 곰곰 생각해보면 이건 나에게 절대 부자연스러운 일이 아니다. 나는 일본어 회화만 해도 압도적으로 서툴다. 상대가 어지간히 친한 사람이면 몰라도, 남들 앞에 서면 말이 제대로 나오지 않고, 바짝 긴장해서 목소리 톤까지 높아지고 만다. 그 결과 엉뚱한 소리를 떠벌리거나 말도 안 되는 실수를 한다. 전철 내부의 광고 중 흔히 '당신은 말솜씨가 없어서 손해를 보지는 않나요?'라는 것이 있는데, 대개 그에 가까운 상태다. 그렇게 일본말도 제대로 못하는 인간이 영어를 술술 유창하게 할 수 있을 리가 없지 않은가. 누가 생각해도 지극히 당연한 일이다. 그렇죠? 일본어로 노래할 때 음치인 사람이 영어로 노래해도 음치인 것과 같은 이치 아닙니까?

영어 회화 습득에 관한 일본 사람들의 근본적인 착오는 아마도 여기 있지 않을까 나는 생각한다. 말이란 모름지기 처음부터 잘하게 태어난 사람과 그렇지 못한 사람이 있고, 말을 잘 못하는 사람이 제아무리 영어 회화에 능통해진다 한들 어차피 한계란 것이 있다. 왜냐하면 그것은 삶의 자세의 문제이기 때문이다. 모국어로 문장을 쓰는 것에 서툰 사람이 영어 작문을 배워봐야 자연히 한계가 생기는 것과 마찬가지다.

그런데 세상의 많은 사람들은 외국어 회화란 것을 후천적으로 습득할 수 있는 순수한 기술로 파악하고 대하는 듯하다. 나름의 규칙을 기억하고, 필요한 단어를 달달 암기하고, 발음을 교정하고, 경험을 쌓으면 누구든 영어 회화에 능통해질 수 있다는 식으로. 그래서 저자에 그렇게 많은 영어 학원이 난무하고 서점에는 테이프와 책이 산더미처럼 쌓여 있는데도, 정확한 영어 회화 능력을 갖춘 사람은 쉬 찾아볼 수 없는 사태가 발생하는 것이다.

단언할 수 있다. 동네 회화 학원에서 영어를 습득한다는 것은 절대 무리다. 물론 개중에는 습득하는 사람도 있겠지만, 그럴 수 있는 건 어지간히 공부라는 작업을 좋아하는 사람이거나 또는 선천적으로 어학과 회화의 재능을 타고난 사람 정도라고 생각한다. 그 외의 평범한 일반 시민이 회화 학원을 다니는 건 딱 잘라 말해—하기야 머리 훈련은 될지도 모르겠지만—수업료와 시간을 내다버리는 짓이다. 회화 학원의 영업을 방해하려는 뜻은 아니나, 지금까지 여러모로 듣고 봐온 한 그리 틀리지 않은 말이라고 생각한다.

그렇다면 어떻게 해야 하는가, 어떻게 하면 영어를 잘할 수 있게 되는가. 참으로 어려운 질문이다. 나 자신이 잘하지 못하니 뭐라 대답할 길이 없다. 이 질문에 대답할 수 있는 정도라면 나부터 훨씬 능숙해졌을 것이다. 다만 내 경험으로 말하건대, 외국어는 필요에 쫓기면 어느 정도는 할 수 있게 된다. 반대로 필요에 쫓기지 않으면 헛수고다. 아주 단순한 결론이지만, 엄연한 진실이다. 필요에 쫓기면 인간의 몸속에서 특수한 분비액 같은 것이 분출되어 집중력을 높여 언어를 습득하게 되는 게 아닐까 하는 게 내 상상인데, 과학적 진위 여부는 알 수 없다. 하지만 이치야 어떻든 내 경험상 필요성이 어학 습득을 위한 가장 중요한 요소라는 점에는 틀림이 없다.

그렇다면 지금 일본에서 어느 정도의 사람들이 영어 회화 능력을 정말로 필요로 할까. 나는 잘 모르겠다. 가령 종합상사나 호텔, 항공사, 외국계 회사에 근무하는 사람이라면 영어가 필요할 것이다. 그 정도는 나도 안다. 그런데 분쿄 구 센고쿠에 사는 평범한 주부인 내 처제(서른다섯 살)가 갑자기 영어 회화 학원에 다닌다는 건, 솔직히 말해 그럴 필요성이 있는지 의심스럽다. "길거리에서 외국 사람이 뭘 물어보면 어떡해요"라는 게 그녀가 학원에 다니기 시작한 이유인데, 그런 경우를 과연 '필요'라고 할 수 있을지 없을지는 정말 분간하기 어렵다. 일본도 세계화되고 있으니 그 정도는 필요하다는 것도 옳은 말이라 할 수 있지만, 한편으로는 어쩌다 외국 사람이 길을 물으면 그냥 "I'm sorry. I can't speak English" 하면 되는 일 아닌가 싶다.

그리고 외국 사람이 길을 묻는 일은 삼 년에 한 번꼴도 없지 않나요? (말이 나온 김에 하는 말인데, 지난 십 년 동안 외국 사람이 내게 길을 물은 적은 고작 한 번이다.) 그 때문에 일부러 영어 학원을 다닌다는 것은 시간을 심히 비경제적으로 쓰는 일이 아닐까? 그럴 시간에 조금이라도 더 인생에 유익한 일을 할 수 있지 않을까? 뭐 자기 마음이라고 한다면 할 말이 없지만.

또 지금 유행하는 유아 영어 교실이라는 것도 잘 모르겠더군요. 우리 조카도 그런 데 다니고 "Thank you very much" "You are welcome" 하는 말을 조잘거리는데, 이게 필요한 것일까요? 어렸을 때의 어학 학습이 가장 중요하다고 하면 또 할 말이 없지만, 평범한 여섯 살 아이가 왜 2개 국어를 해야 하는지 나는 도무지 이해할 수 없다. 모국어도 잘 못하는 어린아이가 표층적으로 2개 국어를 좀 한다는 게 무슨 의미가 있을까? 몇 번이나 말하지만 재능이 있거나 혹은 필요가 생기면, 굳이 어린이 영어 교실에 다니지 않더라도 인생의 어느 단계에서 영어 회화쯤이야 반드시 할 수 있게 된다. 중요한 것은 먼저 나라는 인간이 무엇에 관심이 있는지를 파악하는 것이다. 모국어를 통한 진정한 회화가 거기서 시작되는 것과 마찬가지로, 영어 회화 역시 거기서 시작된다.

예를 들어 나는 고등학교 시절 온통 미국 소설만 읽었기 때문에, 우선 읽고 쓰는 것으로 영어를 시작해 그다음에 조금씩 회화로 들어갔다. 그래서 회화가 가능해질 때까지 꽤 오랜 시간이 걸렸고 앞에서 말했듯이 지금도 그리 잘하지 못한다. 어눌하고 투박하게 말한다. 발음도 엉망이다. 말이 매끄럽게 술술 나오지도 않는다. 하지만 그게 나라는 인간이다. 세상에는 내가 잘할 수 있는 일도 있고 그렇지 못한 일도 있다. 그렇게 생각하며 적당히 때우고 산다. 우리는 아주 불완전한 존재이고, 하나에서 열까지 두루 잘하는 것은 불가능하다. 세상에는 갖가지 사람이 있다.

한 사람 한 사람 모두 좋은 점도 있거니와 나쁜 점도 있다. 잘하는 것도 있거니와 못하는 것도 있다. 여자를 꼬드기는 데 유능한 사람이 있는가 하면 일요일에 집안일을 척척 해내는 사람도 있다. 외판이 특기인 사람도 있거니와 묵묵히 소설 쓰는 일에 적합한 사람도 있다. 우리는 나 아닌 다른 인간이 될 수 없다. 이것은 근본적인 원칙이다. 하지만 그 원칙을 따라 자신에게 맞는 스타일을 체득할 수는 있다. 그러니 회화만 놓고 봐도, 말하기 자체를 잘하고 못하고를 떠나, 사람들 저마다 갖가지의 회화 스타일이 있을 수 있다. 잘하는 사람에게는 잘하는 사람의 회화 스타일이 있고, 못하는 사람에게는 못하는 사람의 회화 스타일이 있는 것이다.

외국에 나가보면 잘 알 수 있는데, 말이 시원스럽게 통하지 않아도 어떤 사람과는 마음이 맞고, 아무리 말이 잘 통해도 또 어떤 사람과는 영 마음이 맞지 않는다. 이것은 거의 자명한 사실인데, 오늘날 이 압도적인 영어 회화 붐의 열기 속에서는 의외로 잊혀가는 듯하다. 회화에는 여러 가지 기술이 절대적으로 필요하지만, 우선은 나라는 인간의 감각 내지는 존재감이 없으면, 그저 구문과 단어를 달달 외우는 선에서 끝나고 만다. 그리고 그런 회화 능력으로 제아무리 원활히 의사소통을 한다 해도 더이상의 진전은 없다. 나는 발전 가능성이 없는 그런 식의 회화 능력은 조금도 바람직하게 여기지 않는다.

예를 들면 지휘자 오자와 세이지 씨의 영어는 그렇게 외국에 오래 살았던 사람치고는 절대 유창하다 할 수 없으나, 무척이나 신뢰감이 간다. 어디가 어떻게 좋으냐고 물어도 뭐라 설명하기 어렵지만 듣다보면 "음, 그렇겠군" 하고 절로 고개가 끄덕여지는 면이 있다. 반대로 상당히 유창하게 말하는데도 어딘가 모르게 신뢰가 안 가는 사람도 있다. 예를 들면 말썽이 날 테니 그만 두겠지만.

제일 난처해지는 경우는, 내가 번역하는 사람이라는 것을 아는 외국인을 만났을 때다. 대개 상대는 내가 번역을 할 정도이니 영어를 술술 잘할 거라고 믿고 있다(그야 미국인 입장에서는 당연하겠죠). 그래서 늘 식은땀을 흘리게 된다.

옛날에 미국에 갔을 때, 미네소타 주 세인트폴이라는 도시에 스콧 피츠제럴드를 모델로 한 연극을 보러 갔는데(세인트폴은 스콧 피츠제럴드의 고향이다), 연극이 끝난 후 사회자로 보이는 사람이 무대로 나오더니 "일본의 작가이자 스콧 피츠제럴드의 번역도 하시는 미스터 무라카미가 여기 와 계십니다. 한 말씀 부탁……" 하며 관객들에게 소개를 시작했다. 그때는 정말 눈앞이 캄캄했다. 어떻게든 간단하게 인사말만 하고 내려오려 했더니, 열 명쯤 되는 관객이 손을 들고 "미스터 무라카미, 스콧 피츠제럴드의 문학은 일본에서 어떻게 평가되고 있습니까?"라며 골치 아픈 질문을 던지는 통에 거의 죽을 맛이었다. 나는 일본에서 일본어로도 사람들 앞에서 말을 잘 못하는데, 하물며 영어로 말이 나올 리가 없다. 게다가 내용도 상당히 복잡하고 전문적이다. 정말 지옥이었다.

그때 내가 무슨 말을 했는지, 그리고 그 말을 사람들이 이해했는지 어떤지 나는 전혀 기억하지 못한다. 필요라는 분비액의 힘을 빌려 간신히 그 자리를 무마한 듯한 기분도 들고, 선량한 세인트폴 시민들을 혼란의 구렁텅이에 빠뜨린 채 공연장을 빠져나온 듯한 기분도 든다. 내가 영어 회화에 조금은 공을 들여야겠다고 생각한 것은 그때부터다.

그러니 외국인이 길을 물었는데 말을 못해 창피해서 혼났다, 그 정도는 아무것도 아닙니다. 아무렴요.

비프스테이크, 비프스테이크

간혹 비프스테이크가 못 견디게 먹고 싶어진다.

나는 원래 고기를 그다지 좋아하지 않아서 평소에는 주로 생선과 채소만 먹으며 생활하지만, 두 달에 한 번쯤 머리에 스테이크의 이미지가 번뜩 떠올라서는 그대로 끈질기게 똬리를 틀 때가 있다. 그리고 그렇게 스테이크 생각을 하기 시작하면 안절부절못할 정도로 스테이크가 먹고 싶어진다. 아마 몸이 아주 자연스럽게 고기를 원하기 때문일 테지만, 그렇다면 스키야키든 민스 커틀릿이든 햄버그스테이크든 비프커틀릿이든 숯불갈비든 상관없을 것 같은데, 내 경우에는 반드시 스테이크여야 한다. 아마도 내 머릿속에 '고기=스테이크'로 입력되어 있는 게 아닐까 생각해본다. 기호랄까, 어떤 유의 순수개념 같은 것이다. 그리고 내 몸속에서 고기의 영양분이 부족해지면 '고기가 부족하다, 삐삐' 하고 자동으로 신호를 보내고, 그 기호 또는 개념이 백경白鯨처럼 의식의 수면으로 부상하는 것이다.

이런 식으로, 간혹 몸이 근질근질할 정도로 스테이크가 먹고 싶어진다.

내가 좋아하는 스테이크는 아주 심플하다. 질 좋고 맛있는 고기를 노련하게 구워서 육즙이 흐르지 않도록 바깥쪽만 익힌, 더할나위없이 심플한 스테이크다. 간은 가볍게 소금과 후추만 뿌려 맞춘다. 그 외에는 아무것도 필요 없다.

그런데 그런 스테이크를 맛있게 먹을 수 있는 가게가 도쿄에는 보이지 않는다. 이 넓은 도시에 말이다. 여러 사람에게 소개를 받고 나도 찾아보았지만 내 입맛에 맞는 스테이크를 합리적인 가격으로 부담 없이 먹을 수 있는 가게가 좀처럼 없는 겁니다.

나는 고베에서 태어났는데, 아시다시피 고베는 스테이크집이 많은 도시다. 그래서 어렸을 때 "오늘은 밖에 나가서 먹을까" 하면 주로 스테이크를 먹으러 갔다. 물론 그런 경우는 특별한 외식이라 할 수 있었지만, 그럼에도 '잠시 근처에 나가볼까' 하는 어떤 유의 편안함이 있었고, 또 그 스테이크의 맛에도 '한동네'란 편안함이 있었다. 아주 어렸을 적 얘기고 또 어린애 입맛이었으니 장담할 수는 없지만, 그래도 나는 그 맛을 지금도 어렴풋이 기억하고 있고, 스테이크란 모름지기 그런 맛이어야 하지 않나 생각한다. 적어도 스테이크집에 관해서는 유난히 화려한 외관이나 거창한 이력, 높은 격조를 원하지 않는다.

고베에 내려가면 스테이크가 어떤 맛이었는지 확인하기 위해 스테이크 하우스에 간다. 그러고서 늘 생각하는 건데, 고베의 스테이크 맛은 도쿄와 확실하게 다르다.

고베가 좋다고 편드는 게 아니다. 도쿄의 스테이크보다 고베의 스테이크가 내 입맛에 맞을 뿐이다. 요리의 질이 단순하고 속도감이 있다. 아니면 단순해서 속도감이 생기는 거라 해야 하나. 하지만 아무튼, 음, 그리운 맛을 느낄 수 있다. 스테이크란 한마디로 꾸미지 않고 아부하지 않고 젠체하지 않는 '남성적인' 요리여야 한다고 나는 생각한다.

그리스에서 반년쯤 지낼 때는 정말 스테이크를 자주 먹었다. 믿기지 않을 만큼 쇠고기 값이 쌌기 때문이다. 가장 질 좋은 등심살이 1킬로그램에 천 엔 정도였으니, 싸기로는 두말할 나위가 없다. 두툼한 프라이팬에 기름을 두르고 그리스 파를 볶은 후에 고기의 표면만 미디엄 레어로 구워, 간장을 살짝 끼얹어 먹는다. 이 그리스 파의 맛이 또 굉장히 스테이크에 잘 어울린다. 1킬로그램 정도면 둘이서 세 끼를 먹을 수 있고, 부스러기 고기로는 필래프를 만들 수 있으며, 또 그 나머지로는 맛있는 수프를 끓일 수 있다. 그런데 천 엔이랍니다. 이렇게 싸면 실로 대범하게 요리를 할 수 있으니 상당히 터프한 맛이 나게 된다. 일본에서 등심살을 사오면 좀 긴장하게 되잖아요. 나는 스테이크는 원칙적으로 자기 집에서 요리하기보다 레스토랑에 가서 먹어야 한다고 생각하는데, 그 그리스식 스테이크만은 지금도 그 맛이 아련하게 떠오른다.

미국의 조지아 주 애틀랜타에서 먹었던 스테이크도 잘 기억하고 있다. 그 스테이크도 값이 무척 쌌다. 저녁나절 길을 걷다가 문득 맥주가 마시고 싶어져 주변에 있는 아담한 바에 들어갔다가 내친김에 식사도 주문했다. 메뉴를 보니 'SURF AND TURF'라는 게 있었다. 말 그대로 해석하면 '파도와 잔디'가 된다. 뭔 소린지 잘 모르겠지만 아무튼 시켜보자 싶어 주문했더니, 버터에 구운 큼지막한 새우와 두께가 5센티미터는 됨직한 스테이크에 필래프가 듬뿍, 거기에다 샐러드까지 수북하게 따라 나왔다. 아하, 그래서 '파도와 잔디'로군 했는데, 그 양이 또 엄청났다. 보여드릴 수 없어 안타까운데 도저히 보통사람이 먹어치울 수 있는 양이 아니었다. 그게 전부 해서 천5백 엔 정도였다고 기억한다. 그리고 무엇보다 중요한 맛도 내가 좋아하는 심플한 맛, 고기도 부드럽고 신선했다. 딱히 이렇다 할 것 없는 평범한 도시의 바에서 이렇게 흠잡을 데 없는 스테이크를 먹을 수 있다니, 미국의 저력이군, 하고 감탄하며 먹었다. 모두들 미국의 스테이크는 크기만 하지 맛은 없다고 하는데, 내가 남부에서 먹은 스테이크는 대체로 다 맛있었다. 곁들여 나온 감자튀김은 바삭바삭하고, 신선한 고기에 나이프를 갖다대면 육즙이 옆에 있는 필래프로 스며들고 말이죠.

이런 글을 쓰고 있자니 점점 더 스테이크가 먹고 싶어진다. 난감하군요.

미국 소설에는 스테이크를 먹는 장면이 흔히 등장하는데, 내가 읽은 장면 중 가장 맛있게 느껴졌던 것은 해들리 체이스의 『미스 블랜디시』 서두 부분이다. 소설 자체도 재미있지만, 그와 별개로 이 서두를 읽을 때마다 나는 무조건 확고하게, 반사적으로 스테이크가 먹고 싶어진다. 지금 옆에 책이 없어 아쉽게도 인용할 수는 없으나, 이 소설은 아마 한 남자가 어느 시골 마을 흙먼지가 풀풀 날리는 길가에 있는 허름한 레스토랑에 들어가는 장면으로 시작될 것이다. 몹시 배가 고픈 남자는 웨이트리스에게 스테이크를 주문한다. 그리고 고기의 굽는 정도와 곁들여 나오는 양파의 상태에 대해서 꼼꼼하게 주문을 덧붙인다. 요리사가 철판에다 스테이크를 굽고, 양파를 볶는다. 양파를 볶는 톡 쏘는 냄새가 남자의 식욕을 격하게 자극한다. 남자는 마른침을 삼키면서 음식이 나오기를 꼼짝 않고 기다린다. 밖에서는 트럭

이 흙먼지를 날리며 지나가고, 건조하고 뜨거운 햇볕이 대지 위로 쨍쨍 내리쬔다. 체이스의 간결하고 폭력적인 문체와 남자의 식욕과 지글거리는 스테이크의 냄새가 멋들어지게 어우러져, 소설의 세계로 스윽 빨려들어간다. 이게 민스 커틀릿이었다면, 이렇게 멋진 장면이 나오지 않았겠죠.

아무튼 오늘은 스테이크를 먹으러 가겠다, 음.

ON BEING FAMOUS
—유명하다는 것에 대하여

'유명하다는 것에 대하여'—참 한심한 제목이다. 그러나 이런 제목만 보고서 나를 정떨어지는 인간으로 생각지는 말기 바란다. 나는 안 그래도 늦가을의 다람쥐처럼 갖가지 문제를 힘겹게 껴안고 있는 사람이다. 더이상 골치 아픈 일을 늘리고 싶지 않다. 내가 이 글을 쓰는 이유는 나를 둘러싸고 있는 상황을 다소나마 정확하게 문장화해보려 함이다. 리얼하고 쿨하게. 잘될지는 나도 잘 모르겠지만.

나는 현재 작가이며 리얼하고 쿨한 의미에서 유명인사가 되어 있다. 싫든 좋든 상관없이 그렇다. 길을 걷는데 모르는 사람이 말을 건다. "실례지만, 무라카미 하루키 씨인가요?" 이렇게 묻는다. 그러니까 유명인사라고 생각한다. 사람들은 보통 잘 모르는 사람에게 말을 걸지 않는다. 어느 정도 유명한지는 이 글에서 문제 삼지 않겠다. 그런 것까지 문제 삼기 시작하면 얘기가 몹시 복잡해지기 때문이다. 원칙으로서의 명성fame에 대해서 고찰해보기로 한다.

잘 모르는 사람이 다가와 말을 건다는 건 참 묘한 일이다. 얘기에 더이상 진전이 없기 때문이다. "무라카미 씨인가요?"라고 물으면 "네, 그렇습니다"라고 대답한다. 달리 대답할 말이 없다. 그리고 얘기를 더이상 진전시킬 화제가 없다. 왜냐하면 얘기의 중심이 내가 무라카미 하루키인가 아닌가 하는 점에 놓여 있기 때문이다. 내가 "그렇습니다"라고 대답하면 대부분의 경우 거기서 얘기가 끝난다. 어디로든 한 걸음도 내딛지 못한 채 끝나고 만다. 대개 상대도 무슨 말을 더 하면 좋을지 모르고, 나 역시 전혀 모른다. 그러고는 어리둥절한 상태에서 "그럼 이만" "아, 네" 하고서 헤어진다. 정말 이상하다. 나는 도무지, 몇 년이 지나도 그런 상황에 잘 적응할 수가 없다. 나는 나라는 인간을 오래전부터 잘 알고 있으며, 그리고 그런 인간에게 낯선 타인이 관심을 갖는다는 사실이 도저히 실감으로 받아들여지지 않는다.

생각해보면 나는 어렸을 때부터 그리 눈에 띄는 존재가 아니었다. 성적도 눈에 띄게 좋은 편은 아니었고 운동도 그저 그랬다. 리더십도 없었다. 사회 적응력에도 문제가 있었다. 사람들

앞에 나서면 혼란스러워 말도 제대로 못했고, 혼자 구석에서 책 읽기를 좋아했다. 요컨대 지극히 평범하게 살아온 지극히 평범한 아이였다. 눈에 띄고 싶은 욕심도 없었다. 선생님 눈에 드는 타입도 아니었다. 초등학교를 졸업하고 중학교를 졸업하고 고등학교를 졸업하고 대학교를 졸업할 때까지 그런 상황이 쭉 이어졌다. 모두들 나를 지극히 평범한 소년으로, 지극히 평범한 청년으로 생각했다. 나 자신도 그렇게 생각했다. 그렇게밖에 생각할 수 없었다. 내가 평범하지 않다고 생각할 만한 근거가 아무것도 없었으니.

반대로 자신이 유명한 것에 익숙한 사람들도 있다. 그들은 어렸을 때부터 이미 유명세에 익숙하다. 머리가 좋고, 집안이 좋고, 잘생기고, 운동신경이 뛰어나고, 피아노를 잘 치고, 글짓기를 잘하고, 인망이 있다. 전교생 모두가 그(그녀)의 이름을 안다. 주변 아이들이 "으음, 걔 이름이 뭐였더라……" 하는 일은 절대 없다. 그들의 머리 위에는 날 때부터 지닌 아우라 같은 엷고 부연 빛이 떠다닌다. 그리고 한눈에 그들이 유명한 인물로 존재한다는 것을 알 수 있다. 동네 사람들은 그들 칭찬에 침이 마르고, 반 아이들은 그들을 선망하고, 선생님들은 그들에게 경의를 표한다. 세상에는 그런 아이들이 있다. 나도 그런 타입의 아이—과거에 아이였던—를 몇 명 알고 있다. 한 다스쯤. 그들 중

절반 정도는 아직도 여전히 아우라를 간직하고 있다. 그것을 유용하게 잘 사용하는 이도 있고 잘 사용하지 못하는 이도 있다. 하지만 그 정도 차이가 있을 뿐, 그들은 아직도 아우라를 지니고 있다. 그러나 나머지 절반은 이미 아우라를 잃었다. 살아오는 과정 어디선가 그것이 사라져버린 것이다. 어디서 어쩌다 사라지고 또 남는지 나는 잘 모르겠지만, 아무튼 사라져버렸다.

자랑하는 것도 아니고 비하하려는 것도 아니나 아무튼 내게는 처음부터 그런 것이 없었다. 거듭 말하지만 나는 정말 평범하고 이름 없는 아이였다. 어떤 일로 1등을 한 적도 없거니와 표창을 받은 적도 없다.

하지만 나는 스물아홉 살 때 소설을 썼고, 그후로 그럭저럭 십년 가까이 소설가로 살고 있다. 밥 걱정 안 하고 느긋하게 생활할 수 있을 만큼 책이 팔리고, 그 결과 유명인사가 되었다.

유명인으로 사는 게 어떤 것인지는 유명인이 되어보지 않고는 이해할 수 없다. 그리고 유명인에도 다양한 종류가 있고 다양한 측면이 있다. 그러나 유명인이 된다는 것은 한마디로 말해, 자기를 둘러싼 호의와 악의의 총량을 양방향으로, 그것도 비약적으로 확대시키는 일이다. 누구에게든 (아마도) 주위에 자기를 좋아해주는 친구 같은 사람이 몇 명쯤 있을 것이다. 그리고 동시에 자기를 좋아하지 않는 사람 또한 몇 명쯤 있을 것이다. 하지만 누가 나를 좋아하고 누가 나를 싫어하는지 대충은 파악할 수 있다. 그것은 파악이 가능한 범위의 세계다. '마쓰시타와 혼다랑은 사이좋게 지낼 수 있지만, 스즈키와는 아마 안 될 거야. 그 녀석은 나랑 성격이 안 맞으니까.' 이런 식으로. 그것이 평범한 사람들의 생활이다.

그런데 사람이 한번 유명해지면 전혀 파악이 불가능한 세계로부터 파악이 불가능한 유의 호의와 악의를 동시에 받게 된다. 어떤 때에는 무의미하게 매도당하고, 어떤 때에는 무의미하게 치켜세워진다. 한 번도 만난 적이 없고 한 번도 얽힌 적이 없는, 이름도 모르는 상대로부터. 그런 인생을 달가워하는 사람은 유명인에 적합하다. 달갑지 않은 사람은…… 포기하는 길밖에 없다.

나는 나만의 방식으로 그에 대처하고 있다. 나는 원칙적으로 무라카미 하루키라는 작가와 무라카미 하루키라는 개인을 완전히 분리해서 매사를 생각하려 한다. 즉 내게 작가 무라카미 하루키는 하나의 가설이다. 가설은 내 안에 있지만 나 자신은 아니다. 그렇게 생각하고 있다. 그런 식으로 생각하면 그다지 상처를 받지 않고, 머리가 이상해질 일도 없다. 나 무라카미 하루키는 파악이 가능한 조그만 원 안에서 생활하고, 작가 무라카미 하루키는 파악이 불가능한 커다란 원 안에서 살아간다. 내가 책상 앞에 앉을 때 그 둘은 하나가 되고, 책상 앞을 떠날 때 그 둘은 각자가 속한 세계로 돌아간다. 각자의 소박한 자아를 지니고서.

그런데 이렇게 리얼하고 쿨하게 생각해도, 역시 명성은 나를 때로 아주 불가사의하고 서글픈 장소로 데려간다. 그곳은 폐쇄된 유원지 같은 장소다. 사람 그림자 하나 없이 텅 비어 있고, 너덜너덜한 포스터가 바람에 펴덕거린다. 페인트칠이 벗겨져나갔고, 펜스는 녹슬었다. 여기가 어디지? 나는 생각한다. 왜 내가 이런 곳에 있는 거지? 그런데도 나는 거기에 있다. 입구도 출구도 어딘지 모를, 닫혀 있는 쇠락한 유원지에.

어느 날 밤 열시쯤 동네에 있는 바에 갔다. 바에는 제법 손님이 많았다. 나는 마누라와 둘이었다. 우리는 테이블에 앉아 진토닉인지 뭔지를 주문했다. 그리고 우리 가정의 소소한 얘기를 나누었다. 주택 융자금은 어떻게 받을 것인가, 누구누구 집에 갈 때 어떤 선물을 사갈까, 온천 여행을 하고 싶네, 등등의 아주 평범한 얘기였다. 여느 부부들도 다 하는 평범한 얘기. 나는 일 하나가 끝나 한숨 돌린 상태였다. 여유롭게 술을 마시고 싶었다. 중요한 원고를 서류가방에 담아 들고 나와 방금 전 편집자에게 건넨 참이었다. 그래서 나는 빈 서류가방을 갖고 있었다. 서류가방은 내 모습과 어울리지 않지만(나는 그때 알로하셔츠를 입고 있었으니까), 원고를 나르기에는 최고다. 원고지가 구겨지지도 않고, 크기도 400자 원고지를 담기에 딱 적당하다. 그 바는 단골

가게여서 우리는 비교적 느긋하게 술을 마셨다. 일을 끝내고 느긋하게 술을 마시는 것은 참 좋은 일이다. 두세 잔씩 마시고 값을 치르고 밖으로 나왔다. 그리고 집에 돌아가 푹 잤다. 어느 것이나 아주 평범하고 일상적인 일이다. 당신도 간혹 그럴 것이다. 아내, 혹은 여자친구를 만나 술을 마시고 여유를 되찾아 집에 돌아간다. 이상한 점은 없다. 잘못된 점도 없다. 그렇죠?

그런데 며칠 후 나는 나에 관한 사소한 소문을 들었다. 소문을 전해준 건 내 친구였다. 그녀의 친구가 그날 밤 그 바에서 우리를 보았다는 것이다. "무라카미 하루키, 얼마나 거드름을 피우는지 영 꼴불견이더라." 그것이 친구의 친구가 내게 품은 감상이었다. "서류가방 같은 걸 들고 바에 술 마시러 와서는, 자기가 유명한 사람이라고 얼마나 주위를 의식하던지. 그러는 게 뻔히 보이더라니까."

가끔, 아주 가끔이지만 나는 그 폐쇄된 유원지에 있다. 그곳의 풍경은 아주 불가사의하다. 어쩌다 이런 곳에 오고 말았는지 나는 전혀 알지 못한다. 하지만 아무튼 오고 말았다. 좋든 싫든 상관없이. 나는 주위를 돌아본다. 주위에는 사람 그림자 하나 없다. 다만 바람이 휭휭 소리 내며 불고, 기묘한 모양의 그림자가 땅 위에 길게 늘어져 있을 뿐이다.

그리고 문득, 이렇게 생각한다. 아우라를 지녔던 그 아이들도 아마 나름 힘들었을 거라고.

이발소에서 어깨 결림에 대해 생각하다

나는 잘 몰랐는데 누구에게 들은 얘기로 '도코야'*라는 말은 방송금지용어라고 한다. 라디오나 텔레비전에서는 '이발소'라는 말을 써야 한단다. 단 존경 어미인 '상'을 붙인 '도코야상'은 ×와 ○의 중간인 △로, 뭐 그 정도는 사용해도 괜찮다는 식인 듯하다.

'야오야'**도 ×고, '야오야상'은 △랍니다. 참 이 세계란 한없이 복잡하군요. 도코야란 단어의 어디가 그렇게 차별적이라는 건지. 예를 들어 '재능이 없는 작가'라는 비평은 차별적 언사가 아닌가요? 가령 '재능에 다소 부족함이 있는 작가'나 '재능에 핸디

* 床屋, 에도 시대에 남자의 머리를 손질하거나 수염을 밀어주던 곳.

** 八百屋, 채소가게.

캡이 있는 작가' 등으로 좀더 완곡하게 표현해야 되는 것 아닐까? 어째서 '도코야'는 안 되고 '재능이 없다'는 허용되는가? '오카마'*는 왜 차별용어가 아닌가? 줄줄이 늘어놓자면 끝이 없으니 본론으로 들어가, 도코야상(△표현) 얘기.

나는 사실 옛날부터 도코야에서 마사지 받는 것을 싫어했다. 〈하이패션〉의 독자 여러분 중에는 아마 도코야에 가본 적조차 없는 사람이 많을 테니, 대강 설명부터 하죠.

도코야에서는 먼저 머리를 감긴 후에 마사지를 한다. 머리가 마르는 시간을 이용해 머리와 관계없는 작업이 체인지오브페이스처럼 끼어드는 것이다. 어깨와 목과 팔을 중심으로 꾸욱꾸욱 누르고 문질러댄다. 시간으로는 일 분에서 이 분 정도인데, 이 과정이 나는 정말 싫었다. 왜 싫었냐 하면 내가 어깨가 조금도 뭉치지 않는 체질이기 때문이다. 태어나서 지금까지 어깨가 뭉치거나 결리는 걸 느끼거나 겪어본 적이 없다(더불어 자랑하자면 숙취, 두통, 변비도 겪어본 적이 없다. 불면증도 마찬가지. 자기혐오는 일 년에 약 두 번 정도). 그러니 미안하지만, 이발사가 애써 마사지를 해줘도 그저 간지러울 뿐이다. 다들 어깨가 뭉치면 매우 힘들다고들 하는데 뭉치지 않은 어깨에 마사지를 받는

---

* 남성 동성애자를 이르는 말.

것도 상당히 고통스러운 노릇이다. 그러나 그쪽은 프로페셔널하게 공들여 하고 있으니 "간지러우니까 마사지 안 해도 됩니다"라는 말은 직업 자체를 부정하는 것 같아 당최 할 수 없다. 그래서 몇십 년 동안 다달이, 일종의 인격수양으로 생각하면서 입술을 꾹 깨물고 견뎌왔다. 도코야에 간다는 별거 아닌 듯한 일 하나만 봐도 인생은 장밋빛이 아니라는 것을 알 수 있다.

그런데 최근에 반갑게도 이 마사지가 그리 고통스럽지 않아졌다. 어쩌면 확실하게 자각하진 못해도 나이를 먹으면서 내 어깨가 조금은 뭉치는 기미를 보이는지도 모르겠다. 마사지를 받으면서 '아, 시원하다'라는 생각까지는 아직 안 들지만, 간지럽다는 느낌은 예전에 비해 많이 없어진 것 같다. 덕분에 도코야에 가는 고통이 전보다 훨씬 줄었다. 사람이란 존재는 이렇게 사소한 일들을 쌓아가면서 나이를 먹나보다.

그럼에도 여전히 "무라카미 씨는 어깨가 뭉치지 않는군요. 이 정도로 근육이 부드러운 사람 별로 없습니다"란 소리를 이발사에게 종종 듣는다. 왜 그럴까, 나는 생각한다. 우리 부모님도 어깨가 뭉치는 체질이었고 마누라도 그렇다. 나만 조금도 뭉치지 않는다.

"여러 사람의 어깨를 주물러보았지만, 그중 어깨가 가장 잘 뭉치는 사람은 뭐니뭐니해도 장기 기사분입니다."

이발사의 소견인즉 그렇다. 내가 가는 도코야는 장기 회관 근처라서 장기를 두는 사람들이 자주 온다.

"그 정도로 어깨가 뭉치는 사람도 별로 없을 겁니다. 아주 그냥 돌처럼 딱딱하죠."

머리를 쓰는 탓이겠지, 나는 추측한다. 참 안됐다. 아니 잠깐, 나도 일단은 소설가이고 그런대로 머리를 쓰는데, 하는 생각도 든다. 아니, 실제로는 그리 쓰지 않는 건가? 그냥 머리를 쓴다는 기분에 젖어 있는 건가? 소설 쓰기란 장기를 두는 것보다 머리를 덜 쓰는 작업인가? 이 도코야에 나 말고도 소설을 쓰는 손님이 온다면 비교해볼 수 있을 텐데, 아쉽게도 소설가 손님은 나 하나뿐인 듯하니 비교할 길이 없다. 어쩌면 누군가는 "나도 참 많은 사람들의 어깨를 주물러봤는데, 소설가만큼 어깨가 뭉치지 않는 사람도 없더군요" 하는 소리를 듣고 있을지도 모르겠다.

나는 솔직히 말해서 남의 어깨를 주무르는 걸 그리 좋아하지 않는다. 앞에서 썼듯이 부모님도 마누라도 어깨가 잘 뭉치는 체질이라서 옛날부터 본의 아니게 어깨를 많이 주물러왔는데, 실은 싫어서 죽을 노릇이었다. 나 스스로 어깨 결림을 겪어본 적이 없으니, 어깨가 아픈 게 어떤 것인지, 어떻게 하면 뭉친 걸 풀 수 있는지 전혀 모른다. 모르는 일을 하니 당연히 재미있을 리가 없다. 그나마 우리 부모님의 경우는 어깨를 십 분 정도 주무르면

용돈을 주었기 때문에 어린 마음에 참고 했는데, 마누라에게서는 물론 아무런 보답도 없다. 보답은커녕 고맙다는 한마디도 하지 않는다. "아아, 거기 아파. 좀 잘해봐"라느니 "좀더 정성스럽게 해요"라고 잔소리를 해대는 게 고작이다. 그래서 내가 투덜거리면 "당신은 이 고통을 겪지 않아도 되잖아. 그러니까 남에게 이 정도는 봉사해야 마땅하지"라고 한다. "좋아, 한번 입장을 바꿔보자고요"라는 소리까지 나오면 그게 말이 되느냐고 생각하면서도 어쩔 수 없이 주물럭주물럭 어깨를 주무르게 된다.

내가 아는 사람 중에 어깨 주무르기가 특기인 남자가 있었다. 어깨가 뭉친 사람이 있으면(상대는 주로 여자가 많았다. 어찌된 셈인지), 좀 봐드리죠 하면서 몸을 이리저리 만져보고는 뭉친 부분을 찾아 조물락조물락 풀어주었다. 나와는 달리 작업이 간결하고 요령 있으며, 옆에서 보기만 해도 시원했다. 이 사람은 마사지를 좋아하다 못해 결국 프로 마사지사가 되었는데, 그 기분을 모르는 바는 아니다. 나도 만약 남의 어깨를 꾹 눌러주었는데 상대의 뭉친 곳이 안개가 걷힌 것처럼 풀리면서 "아, 개운해. 거짓말 같네, 정말 고마워요" 하고 말해준다면 역시 기분이 좋을 것이다. 분야가 뭐가 되었든, 타인이 그렇게 순수하게 기뻐하면 그 모습을 보는 쪽도 기쁘다.

나도 내가 쓴 소설을 읽고서 "아, 재미있었다"고 좋아해주는 독자가 있기에 이렇게 소설가로 존재할 수 있는 것이다. 격려도 되고, 좀더 재미있는 것을 써야겠다는 생각도 든다. 그렇다고 칭찬을 받으려고 쓰는 것은 아니지만, 만약 아무도 칭찬해주지 않는다면 아무리 뻔뻔스럽다 한들 풀이 폭 죽어 도중에 그만두었을 것이다. 남이 좋아해주는데 불쾌해할 사람은 없다. 그런 일이 계속되다보면 그대로 프로가 되기도 한다. 이를 재능의 경향이라 일컬어도 무방하지 않을까. 한 가지 경향이 생겨나면 그것이 자동적으로 점차 앞으로 나아간다. 그러다 어떤 사람은 결국 프로가 된다. 그 경향이 어떤 식으로 생겨났는지 나는 잘 모른다. 아마도 원래부터 그 사람에게 입력되어 있는 것이리라. 어떤 사람은 타인의 몸을 쓱쓱 만져만 봐도 아, 여기가 이렇게 뭉쳤으니 여기를 이렇게 눌러주면 좋겠구나 하고, 어떤 사람은 전혀 몰라서(즉 그런 재능이 입력되어 있지 않아서) 엉뚱한 관절을 꾹꾹 누르다 마누라에게 혼쭐이 나기도 한다. 세상은 이렇듯 격하게 불공평하다.

나는 왜 프로 마사지사가 되지 않고(또는 되지 못하고) 이렇게 프로 작가가 되었을까. 진지하게, 때로 불가사의하게 생각한다. 그것은 어쩌면 본질적인 차이 때문이 아니라 단순히 적성이 있고 없고의 차이 때문이 아닐까 하는 생각도 한다. 그렇게 사람들은 마사지사가 되고 장기 기사가 되고 작가가 된다. 인생이란 얼마나 단순하고, 또 얼마나 불가사의한가.

딱히 생각이랄 것도 없는 이런 생각을 이리저리 하다보니 드디어 이발이 끝났다. 나는 도코야에서 많은 생각을 한다.

오페라의 밤 (1)

오페라, 라는 말에는 신기하게도 매력적인 울림이 담겨 있다. 나는 절대 오페라광도 마니아도 아니지만, 그래도 'OPERA'라는 말은 묘하게 내 가슴을 설레게 한다. 오늘밤 오페라를 보러 간다고 생각하면 가슴이 두근거리고, 막이 올라가기 전 객석에서 들리는 특유의 웅성거림과, 오케스트라박스에 지휘자가 들어와 드디어 서곡이 시작될 때의 분위기도 무척 좋아한다.

굳이 오페라하우스까지 가지 않아도, 집에서 무릎에 고양이를 앉혀놓고 싸구려 와인을 마시며 마당의 녹나무를 바라보면서 한가롭게 오페라 음반을 듣는 것도 상당한 묘미가 있다. 게다가 요즘은 비디오로도 오페라를 볼 수 있으니 참 고마운 일이다. 집 소파에 드러누워 한 손에 리모컨을 들고 마젤의 〈돈 조반니〉

와 아바도의 〈세비야의 이발사〉를 몇 번이나 되풀이해 볼 수 있다니, 이건 뭐 천국이라 해야 하지 않을까.

잘 생각해보면 오페라라는 것은 참 이상하다. 그렇게 완벽하게 18세기, 19세기적이며 유장하고 전통적이고 비현실적이고 비일상적인 공연물이, 무수한 스타일들이 짧은 사이클로 어지럽게 부침하는 이 바쁜 시대에 어떻게 여전히 사람들의 마음을 매료할 수 있는 걸까? 물론 그 밖의 18, 9세기적인 유산 중에도 지금껏 유지되는 것들이 있다. 셰익스피어의 연극도 그렇고, 가부키도 여전히 무대에 오른다. 그러나 가부키의 예만 들어봐도, 일본의 어느 조그만 지방도시에나 반드시 가부키 전용 무대가 있고 보통사람들이 일상적으로 그곳을 바지런히 드나들며 가부키를 즐기는가 하면, 그렇지는 않다. 가부키라는 무대예술은 지금 일종의 스노브한 전통예능이 되고 말았다. 셰익스피어의 연극도 비슷한 처지다. 하지만 오페라는 그런 경우와 전혀 다르다. 오페라는 지금도 동시대의 인기 있는 엔터테인먼트다. 오페라하우스의 값싼 자리는 젊은이들로 넘쳐나고, 인기 있는 공연의 티켓은 순식간에 동나고 만다. 참 신기한 일이다. 대체 오페라라는 음악 형태의 무엇이 그리도 현대인의 마음을 사로잡는 것일까?

나는 음악평론가도 문화평론가도 아니므로 그 같은 의문에 일일이 답할 책임이나 의무는 없다(고맙게도). 거리낄 것도 없고,

비난 들을 일도 없고, "이유가 뭐든 무슨 상관이야. 다 그런 거지 뭐, 하이호" 하면서 그저 편안하게 오페라를 즐기면 그만이다. 하지만 내 생각에, 우리가 오페라에 끌리는 가장 큰 이유는 '소모'가 아닐까 한다. 시간의 소모, 노력의 소모, 그리고 무엇보다 거대한 시대착오를 가능케 하는 '비일상성으로의 매몰'이라는 감성의 소모. 잘 몰라도 우리는 마음속으로 그런 소모를 갈구하는 것이리라.

내가 처음 오페라라는 형태의 음악을 접한 것은 중학생 때쯤이었다. 텔레비전에서 마리오 델 모나코가 절창하는 그 전설적인 공연 〈팔리아치〉를 보았다. 지금 생각해도 굉장한 〈팔리아치〉였다. 이것이 바로 이탈리아 오페라라고 말하는 듯한, 거칠 것이 없다고 표현해도 좋을 만큼 박력 넘치는 공연이었다. 비치 보이스 팬이던 열두세 살 소년이 어쩌다 텔레비전으로 이탈리아 오페라단의 공연을 볼 마음이 생겼는지는, 하도 옛날 일이라 분명치 않다(아, 나이를 먹으면 왜 이렇게 많은 일들의 동기가 '불분명'이라는 미명 속으로 희미하게 사라져버리는가?). 채널을 돌리다가 우연히 보았는지도 모르고, 호기심이라는 위대한 촉매를 통해 연결되었는지도 모른다. 아무튼 그때가 처음이었다. 마리오 델 모나코의 팔리아치.

처음 극장에 가서 본 진짜 오페라는 〈오르페우스〉였다. 아마 고등학생 때였고, 밀라노 실내 오페라단의 공연이었던 걸로 기억한다. 장소는 오사카의 페스티벌 홀. 다만 누가 작곡한 〈오르페우스〉였는지는 통 생각나지 않는다. 기억이 통째로 날아가고 없다. 누구였는지 아무리 생각해봐도 소용없다. 하지만 멋진 공연이었다. 세세한 부분은 잊었지만, 아무튼 엄청 좋았다는 것만은 기억하고 있다. 어떻게 좋았느냐고 물으면 곤란하다. 어쨌거나 엄청 좋았다(하이호!). 공연이 끝나고 무척 감동해서 흥분한 상태로 전철을 타고 고베의 집으로 돌아온 것을 기억한다.

그후로 적당한 거리를 유지하며 띄엄띄엄 오페라를 보러 다녔다. 하지만 결국 오페라 마니아는 되지 못했다. 왜냐? 이유는 간단하다. 앞에서도 말한 것처럼 오페라의 존재이유는 그 소모성에 있는데, 내게는 그런 소모를 지속적으로 유지해나갈 여유가 없었기 때문이다. 그래서 고등학교를 졸업한 후 십몇 년 동안 나는 오페라와 실질적으로 무관한 세월을 보냈다. 그럴 수밖에 없었다. 학생 시절에는 두말할 필요도 없고, 대학을 졸업하고 일을 시작한 후에도 오페라를 보러 가거나 세 장짜리 오페라 음반을 살 여유가 별로 없었다. 나는 대학생 때 결혼했기 때문에 대학을 졸업하고도 줄곧 생활에 쫓겼다. 자랑할 건 못 되지만, 유독 바쁘고 유독 가난했다. 소중하게 모시고 있던 오페라 음반도 돈에 쪼들려 중고 가게에 팔았다. 당연한 얘기지만, 빚을 갚지 못해

궁지에 몰렸을 때는 오페라나 한번 들어볼까 하는 기분이 좀처럼 들지 않는 법이다.

그러나 몇 년 지나자 고맙게도 밑 빠진 독을 들여다보는 것처럼 궤멸적이던 우리의 경제 상태도 호전되고, 생활이 점차 안정을 찾아갔다. 그래도 서른을 조금 넘길 때까지 우리는 일과 생활 속의 잡다한 것들에 쫓겼다. 바빴다. 해야 할 일이 끝없이 생겼다. 언제나 뭐가 되었든 주위에 해결해야 할 문제가 있었다. 시간을 쪼개 공연을 보러 갈 틈은 생겼다. 하지만 오페라는 여전히 저 먼 곳에 있었다. 그것은 우리에게 아직 사치였다. 예의 제이 개츠비가 바라보았던 해협 건너편의 녹색 불빛처럼, 그것은 아주 멀리 있었다.

오페라와 드디어 재회하게 된 것은 내가 하던 일을 그만두고 전업작가로 전향해, 덕분에 시간적 여유가 생겨 간간이 해외로 나가게 된 후였다. 우선 독일에 가서 〈방황하는 네덜란드인〉과 〈마술피리〉를 보았다. 그러고는 또다시 나는 오페라의 포로가 되고 말았다. 그후 이탈리아에 살면서도 틈만 나면 오페라를 보러 다녔다. 온갖 곳에서 온갖 오페라를 보았다. 베르디, 로시니, 푸치니, 모차르트…… 단벌 양복을 차려입고, 막간에 싸구려 샴페인을 마시며 로비에 서성이는 사람들을 바라보았다. 그렇게 나는 오페라의 밤이 주는 마음의 떨림을 되찾았다. 하이호.

오페라의 밤 (2)

좀 사정이 생겨 로마를 떠나 한 달 정도 런던에서 혼자 생활했다. 로마에 머물다 오면 대부분의 도시가 이성적으로 느껴지는데 런던은 특히 그런 경향이 강하다. 사람들은 반듯하게 줄을 서고, 어깨가 슬쩍 스쳐도 정중하게 사과한다. 문명인이다. 리젠트 공원에서 가까운 세인트 존스 우드에 방을 빌리고, 거기서 꼼지락꼼지락 소설을 손질하면서 밤이 되면 영화를 보거나 콘서트장에 갔다. 그리고 물론 오페라도……

영국에 오기를 잘 했다고 여겼던 점은 오페라가 이른 시간에 시작된다는 것이다. 대개 일곱시 반에 시작해 늦어도 열시 반에는 끝난다. 근처 펍에서 비터 한 잔을 마시고 집으로 돌아가 자기에 딱 좋은 시간이다. 지하철과 버스도 그때까지 다닌다.

이탈리아는 이렇지 않다. 이탈리아의 오페라는 밤 아홉시에 시작해 열두시에 끝난다. 나는 일찍 자는 편이라 열한시가 지나면 잠이 쏟아져 견디지를 못한다. 공연이 끝나 극장을 나서면 대중교통은 이미 다 끊긴 상태다. 오가는 택시도 보이지 않는다. 혹여 보인다 해도 늦은 밤 택시를 잡느라 이탈리아 사람과 실랑이할 기운은 없다.

런던에서 오페라 하면 물론 그 유명한 코번트 가든의 왕립 오페라다. 이 오페라단을 빼고는 영국의 오페라를 논할 수 없다. 하지만 ENO(영국 국립 오페라)도 빼놓을 수 없다. 이해 봄, 런던의 오페라계는 제피렐리가 감독을 맡은 〈토스카〉(왕립)와 브리튼의 〈빌리 버드〉(ENO)가 화제몰이를 하고 있다. 나는 아쉽게도 〈토스카〉는 보지 못했지만, 그 대신 프레니가 타티아나 역을 맡은 차이콥스키의 〈예브게니 오네긴〉(왕립)은 볼 수 있었다. 싼 티켓은 다 팔리고 없어서 48파운드(약 1만1천 엔)나 하는 상당히 비싼 티켓을 사야 했지만, 뭐 어쩔 수 없다. 그래도 무대는 꽤 느낌이 좋았다. 특히 조연의 연기가 탄탄해서, 과연 왕립 오페라답다고 감탄했다.

〈빌리 버드〉의 무대가 얼마나 멋졌는지는 표현하기가 좀 어렵다. 극 내내 선상이 무대고, 남자밖에 등장하지 않고, 줄거리도 음울하고, 화려한 아리아도 없는 정말 어려운 오페라지만, 빌리 버드를 연기한 토머스 앨런과 비어 선장을 연기한 필립 랭그리지의 노래는 실로 멋지고 깊이가 있으며, 가슴이 찡할 만큼 감동적이었다. 어떤 희생을 치르는 한이 있어도 이 〈빌리 버드〉의 티켓은 반드시 입수해야 한다고 어느 신문에서 평했는데 나 역시 충분히 동감한다. 내가 산 자리는 3파운드 50펜스짜리, 약 800엔 하는 싸구려 입석(도중에 가까이에 빈자리가 있어서 용케 앉을 수 있었지만, 사실 이런 건 금지되어 있다)이었다. 무대가 상당히 멀었지만 음향에는 아무 문제가 없었다. 이렇게 멋진 오페라를 본 후에 소호 언저리의 펍에서 비터 1파인트를 꿀꺽꿀꺽 마시는 기쁨이란 무엇과도 바꿀 수 없다. 멋진 오페라를 본 후의 흥분감은 멋진 콘서트를 본 후의 그것과는 다소 다른 듯하다. 그렇다, 오페라라는 공연물은 정말 특별하다. 오페라는 오페라지, 오페라 외의 어떤 것도 아니다.

이래서 세상에는 오페라광이라는 인종이 존재하게 된다. 자동차 마니아나 우표 수집가 같은 인종에 비하면 비록 수가 적지만, 그래도 엄연히 존재한다.

영국의 어느 잡지를 보니 '오페라를 보러 가는 사람은 모두 미치광이인가'라는 제목으로 오페라 마니아를 다룬 기사가 실려 있었다. 꽤 흥미로운 읽을거리였다. 이 글을 읽어보면 오페라를 보러 다니는 사람이 모두 부자는 아니라는 사실을 알 수 있다.

예를 들어 줄리어스 스턴이라는 아저씨는 여든두 살이며 한 공장에서 청소부로 일하고 있다. 일이 끝나면 그는 켄잘 그린에 있는 싸구려 여인숙으로 돌아가 옷을 갈아입고 코번트 가든으로 간다. 그는 가극장에 가기 위해 일부러 성장을 하진 않는다. '좋은 옷을 입는다고 음악이 좋게 들리는 것은 아니다'라는 게 스턴 씨의 주장인데, 틀린 말은 아니다. 그가 가극장에 도착해 매점에서 커피 한 잔을 사마시고 벤치석에 앉으면 마침 오페라가 시작될 시간이다. 이런 일과가 매일 밤 계속된다. 그가 사는 티켓은 늘 2파운드(450엔)짜리다. 이렇게 싼 자리가 제법 많아, 어느 아주머니는 〈피가로의 결혼〉만 520번을 보았다고 한다. 아, 이 불합리한 정열, 이라며 필자는 한숨을 내쉰다.

벤치석은 VIP석과 전혀 다른 세계다. 가령 이 코번트 가든에는 두 쪽의 입구가 따로 있다. 로비도 달리 사용한다. 싼 티켓을 산 손님은 플로럴 스트리트 쪽으로 난 옆쪽 입구로 들어가야 하는 것이다. 2파운드짜리 벤치석에서는 무대가 절반 정도밖에 보이지 않는다. 하지만 움직임은 대충 보이고 노래가 들리니 충분하지 않느냐고 생각하면 아무런 불편이 없다.

VIP석의 손님은 대개 두 부류로 나뉜다. 우선은 상류층에 속하는 사람들. 해럴드 핀터에서 데이비드 호크니까지 실로 다양한 유명인사들이 정기적으로 코번트 가든을 찾는다. 부유하고 유명한 사람들, 부유하지만 그리 유명하지는 않은 사람들, 유명하지만 그리 부유하지는 않은 사람들, 그런 사람들이 말쑥하고 시크한 차림새로 로비를 서성이고, 샴페인을 사마신다. 지인이 눈에 띄면 말을 걸고 대화를 나눈다. 한마디로 사교장이다(아, 나는 똑같은 로비에서 청바지에 청재킷 차림으로 싸구려 와인을 마셨다. 트루사르디 제품으로 이탈리아에서는 꽤 비싼 옷이었는데, 불행하게도 코번트 가든의 밤에는 걸맞지 않았다).

'그리고 두번째 부류는 회사에서 티켓과 함께 중요한 일본인 고객을 접대하라는 지시를 받은 불행한 비즈니스맨이다.' 글은 그렇게 이어진다. '불행하다는 것은 그들 모두 바보 취급을 당하기 때문이다. 그들은 예의를 모르고, 오페라의 줄거리에 대해 주절주절 떠들고, 오페라와 발레의 차이도 잘 모르기 때문이다.' 왠지 그 광경을 상상할 수 있을 것 같아서, 무섭군요.

하지만 겨우 400엔에 매일 밤 오페라를 관람할 수 있는 도시에 산다는 것은 멋진 일이라고 생각한다. 오페라를 즐기는 요령은 첫째든 둘째든 아무튼 많은 오페라를 보고 경험을 쌓는 것이기 때문이다. 오페라는 이러니저러니 따지기보다 경험하는 게 중요하다. 오페라라는 세계와 그 분위기를 온몸으로 껴안는 것이다. 그리고 그렇게 경험을 쌓으면 쌓을수록 사람은 오페라광이라는 늪으로 허우적허우적 빠져들게 된다. 아아.

'스페이스십'호의 빛과 그림자

오래전, 십 년쯤 전에 개인적으로 핀볼 머신 한 대를 소유한 적이 있다. 『1973년의 핀볼』이라는 소설을 쓴 후에 약간의 사정이 있어 입수하게 된 것이다. 자세한 사정과 경위는 얘기하자면 꽤 길어지니까 생략하는데, 아무튼 내 수중에 들어왔다. 공짜였다. 중간에서 애써준 사람에게 답례 대신 와일드 터키 한 병을 보낸 것으로 끝.

기계는 '스페이스십'이란 이름의 상당히 오래된 기종이었다. 옛날 기종이라서 컴퓨터도 트랜지스터도 적용되지 않았고, 숫자 표시도 디지털식이 아니라 찰칵찰칵 드럼이 돌아가는 원시적인 방식에, 플리퍼는 딱 두 장이고, 점수는 기껏해야 다섯 자리 정도, 아무튼 아주아주 평범하고 진부한 머신이었다. 아마 1950년대 후반에서 60년대 전반에 만들어진 제품일 것이다. 빈티지라고 하면 빈티지, 폐품이라고 하면 폐품…… 이런 타입의 물건 대부분이 그러하듯 그 경계는 한없이 애매하다. 마음에 들면 빈티지, 마음에 들지 않으면 폐품. 요컨대 마음먹기에 달렸다.

하지만 나는 이 기계가 한눈에 마음에 들었다. 우선 첫째로 기계의 콘셉트가 호들갑스럽지 않다는 점. 귀염성이라고는 손끝만큼도 느껴지지 않을 만큼 여분의 장치가 없다. 세로로 늘어선 S·P·A·C·E·S·H·I·P란 아홉 개의 글자 전부에 불이 들어오면 보너스 점수가 붙고, 공을 아래쪽으로 과감하게 던지면(내던진다는 표현이 옳을 것이다) 다른 공이 나와 투 볼 플레이가 가능해진다. 규칙은 그것뿐이다. 아주, 아주아주 간단하다. 다른 생각은 전혀 하지 않아도 된다.

그리고 둘째로, 그것은 구조적으로 정말 심플하고 직설적인 기계였다. 앞에 서면 기계가 의미하는 모든 것을 한눈에 알아볼 수 있었다. 그 사랑스러운 기계는 우리가 일상적으로 파악할 수 있는 평범한 재료—유리와 나무와 나사와 금속과 고무와 알전구—로 구성되어 있었다. 나만큼 기계구조에 우둔한 사람도 그것이 어떤 얼개를 이루고 있는지 대충 이해할 수 있었다. 오디오에 비유하자면 고풍스러운 옛날 진공관식 앰프와 비슷하다. 단순하고, 크고, 순발력이 없고, 성능의 효율성은 숙명적으로 나쁘다. 하지만 뭐가 어찌되었든 그 원리는 이해할 수 있다. 나는 개인적으로 이런 기계를 좋아한다. 호감을 갖는다. 좀더 과장되게 말해서, 감정을 이입할 수 있다. 그러나 거기에는 왠지, 멸종해가는 공룡 같은 슬픔이 떠다닌다.

나는 당시 소설을 쓰면서 가게를 운영하고 있어서(바 비슷한 것), 처음에는 그 기계를 가게에 두었다. 그렇다고 손님이 손댈 수 있었던 것은 아니다. 손님은 절대 못 만지게 했다. 일이 끝나면 나 혼자 술을 마시면서 플레이했다. 새벽 한시의 나이트캡과 핀볼. 불을 꺼 가게 안을 어둡게 한다. 창밖으로는 신주쿠 고층빌딩의 불빛이 보인다. 사방은 고요하다. 세라 본의 오래된 레코드를 턴테이블에 올려놓는다. 잔에 맥주를 따르고, 재떨이를 갖다놓고 담배에 불을 붙인다(아, 그 무렵에는 담배도 피웠다. 하루에 쉰 개비까지도), 프리 플레이 단추를 내키는 대로 눌러놓고, 성이 찰 때까지 샷, 다그르르르, 파코, 통캉통캉, 삐삣, 하며 혼자서 마음껏 놀았다. 부연 어둠 속에서 S, P, A, C, E 순서로 하나, 또 하나 불이 켜진다. 으라차차 하고 혼신의 힘을 다해 플리퍼로 볼을 내던지고, 또 튕겨낸다. 킥 아웃 트라이앵글 안에서 기운차게 돌아다니던 공이 데굴데굴 생동감 넘치는 소리를 내며 천천히 플리퍼 쪽으로 내려온다. 그러면 다시 플리퍼로 받아 갖가지 사랑의 기술을 구사해 트랩, 트랜스퍼, 그리고 또다시 튕겨

낸다. 그것은 아주 친밀한 작업이었다. 그 작업에는 조촐한 마음의 교류 같은 것이 분명히 있었다고 생각한다. 두 가지 일을 꾸려가느라 피폐해진 나와, 시대에 뒤떨어진 '스페이스십'.

나는 비디오게임도 조금 하는데, 아무리 열중해도 비디오게임에서는 단 한 번도 이런 친밀감을 느낀 적이 없다. 그것은 아주 고도의 신경의 마모다. 우리는 컴퓨터 블랙박스라는 속수무책의 미로를 지나 스크린과 마주한다. 배경화면에서는 신경질적이고 기묘하고 무표정한 음악이 줄곧 흘러나온다. 거기에는 그 '으라차차' 하는 확고하고 심플한 육체의 감응이 없다.

아마도 나 역시 시대에 뒤떨어진 것이리라.

하지만 나는 가게 문을 닫은 후 한밤중의 어둠 속에서 홀로 타닥타닥 플리퍼 버튼을 두드리던 그때를 지금도 그립게 기억하고 있다. 안타깝지만 이제 그런 기계는 어떤 게임센터에도 없다. 간혹 새로운 핀볼 머신에 도전해봐도 그것의 구조는 내게는 너무 복잡하고, 움직임도 지나치게 번잡하다. 공이 플리퍼 쪽으로 내려오는 동안 술 한 모금을 마시거나 담배에 불을 붙일 여유 따위는 전혀 없다. 어이, 넌 그래봐야 고작 게임이잖아, 나는 늘 생각한다. 왜 그렇게 정신없이 이리저리 오가는 거야? 왜 그렇게 시시껄렁한 효과음을 내야만 하는 거냐고?

가게를 접고 전업작가가 되었을 때 '스페이스십'을 집으로 옮겨왔다. 그때 살던 집에 조그만 지하실이 있어서 거기에다 기계를 갖다놓고, 일하다 지칠 때면 가끔 내려가 플레이했다. 그런데 묘하게도 가게 문을 닫은 후의 나이트캡과 핀볼 같은 친밀감은 두 번 다시 돌아오지 않았다. 왜인지는 나도 모른다. 하지만 무언가가 달랐다. 그렇다, 공기가 달랐다. 왜 그럴까? 게임의 종류가 미묘하게 변화한 것이다, 아마도.

아마도.

결국 다음번 이사 때 기계를 처분하고 말았다. 그랜드피아노와 핀볼 머신은 이사에 적합한 가재도구가 아니다. 무겁고 자리도 많이 차지한다. 마지막에는 여기저기 고장도 많았다. 미국에서 사온 핀볼 머신 관리책을 꼼꼼히 읽으면서 나름 열심히 이리저리 만져보았지만 이제 수명이 다했다는 느낌이 들었다. 아는 사람 중에 마침 그런 유의 기계에 박식한 사람이 있어서 가능하면 얻고 싶다고 하기에 가져가도록 했다.

핀볼 머신이 떠나갈 때의 광경은 어딘가 모르게 애처로웠다. 햇살 아래 내다놓은 그것은 누추하고, 겉모습만 봐도 시대에 뒤떨어진 기계였다. 마치 나이를 먹어 털이 푸석해진 말 같았다. 셋이서 영차영차 소형 트럭 짐칸으로 끌어올렸다. 아니, 왜 이렇게 무거운 거지, 나는 이상했다. 그것은 정말 나 자신, 또는 내가 아는 누군가의 과거라는 그림자처럼 묵직했다. 그리고 그것을 마지막으로 핀볼 머신은 우리 집에서 사라졌다.

핀볼 머신을 개인적으로 소유한다는 것은 어떤 유의 무게를 짊어지는 의미라고 나는 생각한다. 개인적으로, 경험으로 그렇게 생각한다. 핀볼 머신을 소유한다는 것은 비디오테이프를 소유하는 것과는 차원이 다르다. 그것은 신기하게도 소유자의 삶과 나날의 상념 같은 것까지 전부 빨아들여 점점 더 무거워진다. 그것이 바로 그 크고 무겁기만 한 공룡 같은 기계의 습성인 것이다. 하지만 어떤 유의 인간은 어떤 시기에 (아마도) 그런 유의 기계에 홀리고 만다. 개인적으로, 경험으로 나는 그렇게 생각한다.

가난은 어디로 가버렸나?

이 역시 자랑이 아니지만, 나는 한때 상당히 가난했었다. 막 결혼했을 무렵이다. 우리는 가구 하나 없는 방에서 소리 죽여 살았다. 스토브조차 없어서, 겨울밤에는 고양이를 껴안고 추위를 견뎌냈다. 고양이도 추우니까 사람에게 꼭 달라붙어 있었다. 거의 공생에 가까운 상황이다. 길을 걷다가 목이 말라도 찻집에 들어갈 수 없었다. 여행도 가지 않고 옷도 사지 않았다. 오직 일만 했다. 그렇다고 불행하다고 생각한 적은 한 번도 없었다. 돈이 있으면 좋겠다고 생각한 적은 물론 있지만, 없는 것을 만들 순 없으니 어쩔 수 없다고 생각했다. 돈에 주리다 못해 마누라와 둘이 고개 숙이고 밤거리를 걷다가 만 엔짜리 세 장을 주운 적이 있다. 옳지 않다는 것은 알지만 경찰서에 신고하지 않고 그 돈으로 빚을 갚았다. 그때, 인생도 살 만한 것이라고 생각했다. 우리는 젊고, 세상 물정을 몰랐고, 그리고 서로 사랑했고, 가난 따위는 조금도 두렵지 않았다. 대학을 졸업하고 나서도 취직하지 않고 꽤나 멋대로 살았다. 객관적으로 보면 세상에서 낙오한 것이나 다름없지만 불안이라 할 만한 건 없었다.

아무튼 뭐, 가난했다.

그때 얘기를 하자면 끝이 없다. 이런 일도 있었고 그런 일도 있었다며 얘기가 꼬리에 꼬리를 문다. 이른바 가난 자랑이라는 겁니다. 옛날에는 사람들이 모이면 흔히들 이런 유의 가난 자랑을 했다. 내가, 혹은 누가 과거에 (또는 지금) 얼마나 가난했는지 (한지), 얘기하는 것이다. 그럼 다른 누군가가 "그 정도 가지고 뭘 그래. 그런 건 가난 축에도 못 끼지" 하고 반격한다. "난 일주일 동안 고양이 사료만 먹고 살았다고" 어쩌고저쩌고.

이건 나 개인이 놓여 있던 환경이 피운 재주일지도 모르겠지만, 내 주위에는 가난한 사람이 정말 많았다. 그들은 농담이 아니라 정말 가난했다. 고바야시 군은 먹을 것이 없어서 표고버섯 기둥 부분을 한 사발 먹었다가 탈이 났다. 정상적인 인간이라면 그런 것을 먹지 않는다. 호리우치 군도 무지하게 가난했다. 늘 배가 고파 비틀거리며 걸었다. 얼마 전까지(사오 년 전까지), 내 주위에 차가 있는 사람은 거의 없었다. 있어봐야 요란한 소리가 나는 구닥다리 코롤라나 너저분한 라이트에이스, 그 정도였다. 그리고 우리는 그걸 당연하게 생각했다.

그런데 언제부터인가, 모두가 신기하게 더는 가난하지 않게 되었다. 내 주위에는 메르세데스를 갖고 있는 사람도 몇 명 있다. BMW를 산 사람도 있고, 볼보를 소유하고 있는 사람도 있다. 그렇다고 내 주위에 부자 지인이 늘어난 것도 아니다. 그냥 오래전부터 알던 사람들 모두가 이제는 가난하지 않은 것이다.

물론 나이에서 오는 현상일 수도 있다. 다들 나이를 먹었고, 그러다보니 그렁저렁 이렇게 된 것일 수도 있다. 하지만 그와 동시에 세상의 풍조도 상당히 큰 요소가 아닐까 생각한다. 요컨대 이제 세상이 가난을 좋게 평가하지 않는 것이다. 가난을 그저 돈이 없는 비참한 상황으로밖에 파악하지 않는다. 그러니 가난 자랑 따위는 이제 아무런 의미가 없다.

가끔 젊은 여자를 만나 얘기하다보면—변명이 아니라 정말로 가끔입니다—그녀들은 가난이 싫다고 단언한다.

"결혼이야 하고 싶죠. 하지만 생활수준이 낮아지는 건 싫어요."

그녀들은 그렇게 말한다. 그리고 그것은 '희망'이 아니라 '신념 표명'이다. 아주 확고한.

"가난이 싫은 거로군?"

"그럼요, 절대 싫죠."

"무라카미 씨는 옛날에 가난했나요?"

"그랬지."

그녀들 대개는 내 대답에 난감하다는 표정을 짓는다. 그녀들은 가난이라는 상황을 구체적으로 상상할 수 없는 것이다. 상상할 수 없으니 당연히 난감해진다. 젊은 여자들이 난감해하면 나 역시 난감해지니까, 그 시점에서 나는 얼른 화제를 바꾼다. 자랑삼아 가난하던 시절의 이야기를 늘어놓는 실수는 하지 않는다. 그런 얘기를 해봐야 상대는 그저 짜증스러워할 따름이다.

가난은 대체 어디로 가버린 것일까? 나는 때로 생각한다.

이런 말을 하면 정말 노인네 같다며 싫어할 테지만, 옛날(이십 년 전의) 여자들은 "가난한 건 절대 싫다"는 말을 당당하게 하지 못했다. 적어도 내 주위에 있는 여자들은 그랬다. 그녀들에게는 돈보다 스스로 납득할 수 있는 삶을 살고 싶다는 욕구가 앞섰던 것 같다. 그리고 실제로 그렇게 사는 여자들이 있었다. 물론 그렇지 않은 여자도 꽤 많았다. 외제차가 있는 남자랑만 데이트하는 여자애도 있기는 했다. 하지만 그런 여자는 어디까지나 극소수였고, 적어도 나와는 별 인연이 없었다. 내 주위의 보통 여자들은 차가 없거나 돈이 없어도 별로 개의치 않았다. 데이트 때도 내게 돈이 없으면 상대가 냈다. 그런 일은 수치도 뭣도 아니었다. 우리는 좀더 다른 것을 추구했다. 물론 아무도 제 발로 가

난해지기를 원하지는 않았다. 하지만 그것은 어떤 유의 통과의례가 아닌가 하고, 어느 정도는 포기한 상태에서 생각했던 것 같다. 그리고 실제로도 그랬다. 실제로—이런 얘길 쓰자니 몹시 부끄럽지만—가난은 정말 즐거웠다. 한여름 무더운 오후에 너무 더워 머리가 띵해서 찻집에 들어가 에어컨 바람을 맞으며 시원한 아이스커피를 마시고 싶어도, 마누라와 둘이 '참자'고 서로를 격려하면서 간신히 집에 돌아가 보리차를 꿀꺽꿀꺽 마시는…… 그런 게 정말정말 즐거웠다. 옛날 일이라서 즐거웠다는 게 아니다. 그 즐거움은 돈과는 상관없는 것이었다. 이른바 상상력의 문제다. 상상력이 있으면 우리는 많은 것을 이겨낼 수 있다. 돈 많은 부자든, 빈털터리 가난뱅이든.

가난은 대체 어디로 가버렸나? 가난은 사라져버린 것인가?

물론 가난은 사라지지 않았다. 가난이란 사라질 수 없는 상황이다.

일요일 아침 동네를 산책하다보면 라운드넥 셔츠에 헐렁한 버뮤다팬츠를 입고 고무 슬리퍼를 신은 아버지가 아파트 주차장에서 흰색 메르세데스를 사랑스럽다는 듯 세차하는 광경을 목격한다. 그런 광경을 보면 나는 '어이, 아저씨, 거 좀 가난한데요' 하고 속으로 생각한다. "그런 건 당신의 개인적인 편견 아닐까?" 마누라는 그렇게 말하지만.

후기

여기 실린 에세이는 1983년부터 약 오 년에 걸쳐 쓴 것입니다. 대부분 〈하이패션〉이라는 잡지에 게재했던 것이죠. 연재는 35회까지 이어졌는데, 나중에 읽어보니 그중 12회분은 그다지 마음에 들지 않아 단행본에 싣지 않았습니다. 대신 다른 잡지에다 썼거나 또는 별 목적 없이 썼다가 내던져둔 에세이를 벽장에서 한 보따리 꺼내, 쓸 만한 것 여덟 편을 손질해 추가했습니다.

내게 1983년에서 1988년은 나이로는 서른넷에서 서른아홉까지이고, 소설로 치면 『양을 둘러싼 모험』에서 『노르웨이의 숲』에 해당하는 기간입니다. 이 시기에 나는 네 번쯤 이사를 했고, 또 몇 년은 유럽에서 살았습니다. 여기저기 옮겨다니느라 무척 바빴습…… 이렇게 쓰는 지금은 또 미국으로 이사해 살고 있지만요.

옛날에 쓴 글이라 꼼꼼하게 다시 읽어보니 여러 가지로 지금 실정과 맞지 않는 부분도 있지만, 한번 손을 댔다가는 끝이 없을 것 같아 거의 원래 형태대로 싣기로 했습니다. 145쪽에 실려 있는 '토막 정보'는 〈하이패션〉 편집부 내에서는 평가가 몹시 나빴으나, 사실이라서 역시 빼지 않고 그대로 두었습니다.

1992년 3월 25일
무라카미 하루키

지은이 **무라카미 하루키**
1949년 교토에서 태어났고, 1968년 와세다 대학교 문학부 연극과에 입학하여 전공투의 소용돌이 속에서 대학 시절을 보냈다. 1979년 『바람의 노래를 들어라』로 군조신인문학상을 수상하며 데뷔했고, 1982년 『양을 쫓는 모험』으로 노마문예신인상을, 1985년 『세계의 끝과 하드보일드 원더랜드』로 다니자키 준이치로 상을 수상했다. 『노르웨이의 숲』 『1Q84』 외 수많은 소설과 에세이로 전 세계 독자들의 사랑을 받고 있다. 2014년 신작 『여자 없는 남자들』을 발표했다.

옮긴이 **김난주**
일본 문학 전문 번역가. 경희대학교 국문과를 졸업하고 동 대학원을 수료했다. 쇼와 여자대학에서 석사학위를 취득했고 이후 오쓰마 여자대학과 도쿄 대학에서 일본 근대문학을 연구했다. 옮긴 책으로 『냉정과 열정 사이』 『키친』 『창가의 토토』 『TV피플』 『소설가의 각오』 『천 년 동안에』 『겐지 이야기』 등이 있다.

문학동네 세계문학
쿨하고 와일드한 백일몽

1판 1쇄 2012년 7월 25일 | 1판 7쇄 2014년 10월 8일

지은이 무라카미 하루키 | 옮긴이 김난주 | 펴낸이 강병선
책임편집 양수현 | 편집 염현숙 황문정 박아름 | 독자모니터 강정은
디자인 윤종윤 강혜림 | 저작권 한문숙 박혜연 김지영
마케팅 정민호 이미진 김은지 양서연 | 온라인마케팅 김희숙 김상만 한수진 이천희
제작 강신은 김동욱 임현식 | 제작처 영신사(인쇄) 경일제책(제본)

펴낸곳 (주)문학동네
출판등록 1993년 10월 22일 제406-2003-000045호
주소 413-120 경기도 파주시 회동길 210
전자우편 editor@munhak.com | 대표전화 031) 955-8888 | 팩스 031) 955-8855
문의전화 031) 955-1927(마케팅) 031) 955-2684(편집)
문학동네카페 http://cafe.naver.com/mhdn

ISBN 978-89-546-1873-1 03830

www.munhak.com